MYTHS OF MANAGEMENT

What people get wrong about being the boss

管理陷阱

［英］斯特凡·斯特恩（Stefan Stern）［英］卡里·库珀（Cary Cooper）◎著
胡晓红　吴　旋◎译

科学技术文献出版社
SCIENTIFIC AND TECHNICAL DOCUMENTATION PRESS
·北京·

图书在版编目（CIP）数据

管理陷阱 /（英）斯特凡·斯特恩（Stefan Stern），（英）卡里·库珀（Cary Cooper）著；胡晓红，吴旋译 .— 北京：科学技术文献出版社，2019.10

书名原文：Myths of Management

ISBN 978-7-5189-5987-7

Ⅰ．①管… Ⅱ．①斯… ②卡… ③胡… ④吴… Ⅲ．①管理学—通俗读物 Ⅳ．① C93-49

中国版本图书馆 CIP 数据核字（2019）第 192252 号

北京市版权局著作权合同登记：图字 01-2019-5114

管理陷阱

策划编辑：王黛君　肖　宇　责任编辑：吕海茹　刘晨阳　责任校对：张吲哚　责任出版：张志平

出 版 者	科学技术文献出版社
地　　址	北京市复兴路 15 号　邮编 100038
编 务 部	（010）58882938，58882087（传真）
发 行 部	（010）58882868，58882870（传真）
邮 购 部	（010）58882873
官方网址	www.stdp.com.cn
发 行 者	科学技术文献出版社发行　全国各地新华书店经销
印 刷 者	天津中印联印务有限公司
版　　次	2019 年 10 月第 1 版　2019 年 10 月第 1 次印刷
开　　本	710 × 1000　1/16
字　　数	214 千
印　　张	14
书　　号	ISBN 978-7-5189-5987-7
定　　价	59.00 元

写这本书是为了纪念戴安娜·J. 斯特恩（Diana J Stern，1935—2014），她是一位母亲、一位管理者，也是一位让人尊敬的人士。

斯特凡·斯特恩（Stefan Stern）

我想把这本书献给我的两位管理学导师（已故）：罗兰·史密斯（Roland Smith）教授和弗雷德·马萨里克（Fred Massarik）教授（加利福尼亚大学洛杉矶分校）。

卡里·库珀（Cary Cooper）

赞 誉

管理很重要，但我们却没有正确地理解管理。本书的两位作者经验丰富、善于观察、思维清晰，他们巧妙地剖析了关于管理理论和实践的常见误解，让我们体会到恰当的管理如何让公司效率更高，让员工更满意。这本书写得很及时，同时又具有鼓舞人心的作用，值得你阅读。

——罗布・戈菲（Rob Goffee）和加雷斯・琼斯（Gareth Jones），

《你凭什么领导别人》（*Why Should Anyone Be Led by You*？）的作者

斯特凡・斯特恩和卡里・库珀写的这本书真的很不错，它为我们拨开重重迷雾，揭示了管理的真正本质，而又不带任何炒作性质。这是一本纯粹而又简单的关于管理员工的书。

——埃米尼亚・伊贝拉（Herminia Ibarra），

伦敦商学院组织行为学教授

这本书非常真实、可信、妙语连珠，我真希望每一个商业人士都能读一读。

——露西・凯拉韦（Lucy Kelaway），

英国《金融时报》（*Financial Times*）副主编、“工作与职业”专栏作家

我认为自己的思维方式复杂而微妙。因此，我感到震惊的是，我基本上完全同意本书的观点（我几乎找不到不同意的地方）。当然，我可能会以不同的话语来表达这种观点，但是最终，我还是坚持了自己的观点。在评估作者的论点时，你可能不会完全赞同，但我可以保证：你的观点将受到多次冲击，几乎可以想象，除了阅读和认真反思书中的每一页，你还能得到极高的投资回报，除此之外，你还能得到额外收获。这本书读起来很有趣，我猜你会像我一样，在阅读过程中会心一笑，因为你掉进了斯特凡・斯特恩和卡里・库珀揭露的陷

阱之一。

——汤姆·彼得斯（Tom Peters），

著名管理大师，《追求卓越》（*In Search of Excellence*）一书的合著者

斯特凡·斯特恩和卡里·库珀把我所见过的所有关于管理的陷阱总结到一起，然后把它们作为陷阱普及，用通俗易懂的语言为我们提供了能够理解的常识洞见。对于任何想要从事管理的人来说，这为他人的成功创造了条件——这是一本必读的书。

——兰·柴郡爵士（Sir lan Cheshire），

德本汉姆公司（debenhams）董事长、翠鸟集团（Kingfisher plc）前首席执行官

管理行业至关重要，但容易产生陷阱。本书引人入胜，斯特凡·斯特恩和卡里·库珀以机智和勇气，展示了如何成为一名出色的管理者。

——琳达·加顿（Lynda Gratton），

伦敦商学院管理实践专业教授

有关管理层不受重视的报道被夸大了。我们仍然做得很差，而且我们仍然需要更好的洞察力来把它做好。斯特凡·斯特恩和卡里·库珀提出并破除了一些至今仍困扰公司董事会的管理陷阱，而这些陷阱对公司管理的危害非常大。他们找到了一些不错的管理方法，让管理工作变得高效。

——玛格丽特·霍夫曼（Margaret Heffernan），

作家，商业领袖和顾问

公司内部运营是提高经济生产力的关键。因此，领导和管理都很重要。然而，几十年来，我们一直推崇领导力（导致许多公司CEO薪资过高），却忽视了管理层的价值。在这本书中，斯特凡·斯特恩和卡里·库珀揭露了鼓吹不良管理方式的陷阱。正如作者所言，开放、谦逊、包容、倾听、领导和管理都是至关重要的——它们也是可以学习的。请去读这本书吧！

——维基·普莱斯（Vicky Pryce），

英国政府经济服务处前联合主管

引 言

管理绝非小事，不容小觑。尽管有时艰辛乏味，但它却十分重要。我们需要认真对待管理，尽量做到尽善尽美。

管理无处不在，却往往为我们所忽略。火车晚点、手术延期以及员工突然离职都是管理不善造成的。

而如若管理得当，也会颇见成效。餐厅经营得有声有色，新型药品实验取得突破，体育赛事大获全胜，这都得益于精心管理。可见，管理无处不在，无时不在。

工作中你有两件事要处理：人员和资源。如果你能妥善处理这两件事，就能比你的竞争对手略胜一筹。公共部门和非营利性部门中资源可能会受到限制。因此，如何管理员工就显得更加重要，这将决定组织能否有效地提供服务。

管理至关重要。引用经济学家保罗·克鲁格曼（Paul Krugman）关于生产率的一项著名理论：管理不是一切，却几乎胜于一切。如果你想知道为何又要出版一本管理方面的书籍，究其原因则是管理的至关重要性。

◎ 本书的主要意图

本书的作者从事管理工作已经有一段时间了。在学习和思考工作以及如何完成工作方面，我们有大约 70 年的经验。在从事一些管理工作的期间，我们曾遇到过优秀的管理者，也遇到过糟糕的管理者。可以说，我们一直在从事管理工作，并且做得不错。这就是为何一开篇，我们就信心百倍地宣称管理是人类工作中永恒的主题，其重要地位从未有过丝毫改变。

管理为何是我们工作中永不褪色的主题呢？几个世纪以来，人们一直在接受领导和管理，而现代社会中最著名的管理学说是由弗雷德里克·温斯洛·泰勒（FW Taylor）在100多年前提出的，被称作“科学管理”（scientific management）。几十年后，大野耐一（Taiichi Ohno）介绍了丰田生产系统的突破性，这一管理系统让丰田成为世界汽车制造商的引领者，接踵而来的是各种相关管理类书籍的相继问世。

虽然技术不断更新换代，商业周期循环往复，但人类本质永恒不变。我们习惯于改变，有时候也会采取新的做事方式，但是工作最基本的要素——员工、团队、领导、任务并没有真正地改变。因此，若是他人提出了新的管理方法，你一定要深思熟虑。

◎ 关于管理

伦敦商学院战略和创业学教授朱利安·伯金肖（Julian Birkinshaw）在他的著作《管理是一种风格》（*Reinventing Management*，2010）中指出，尽管很多公司都有明确的商业模式，但很少有公司拥有管理模式，即实践管理方式。对此，大量世界管理调查（2002年开始）揭示了一些可预见的管理方式，三位经济学教授：尼古拉斯·布鲁姆（Nicholas Bloom）、拉斐·拉萨顿（Raffaella Sadun）以及约翰·范瑞南（John Van Reenen）主持开展这项调查。

简而言之，这项调查发现，许多企业（超过8000家）的管理能力远不如他们想象的那么好。多达79%的组织认为他们的管理水平高于平均水平。但事实上，根据研究人员制定的管理实践量表，可以称为出色的管理者的，只有15%的美国公司和不到5%的他国公司。（可喜的是，在目标、奖励和监测等方面的某些具体干预措施能提高业绩，这一点已得到证实。）

至少是在英国，我们迫切需要提高生产率。长久以来我们的生产率都表现平平。如果我们想提高工资（有人反对吗），就必须提高生产力，即通过更有效的工作，提高人均产出。这意味着我们需要更好的管理。

结论就是管理学很重要。谨此作答。

◎ 本书的其他意图

这本书是管理系列著作中的一本，这本书旨在纠正一些错误的观念，重新审视一些管理者认为理所当然，殊不知却是和事实相悖的陷阱。诸如此类的问题，主要包括领导比管理更重要吗？你一定要成为公司里最聪明的人吗？长时间工作是获得成功的最佳途径吗？你的思维方式可以得到改变吗？

这本书里没有任何注释，也没有大量的数据供读者参考，但这不代表这本书是没有事实依据的。坦率地说，这本书的内容是我们个人的一些见解，而这些见解源于我们对管理学多年的研究和反思。

你也许不会在这本书里发现一个惊天动地的新奇见解，但至少你会获得一个明智的重要观点，也就是说，可以从人类本身的角度来看待管理学。我们是有思维、有情感的人，目前以及未来很长一段时间，都不会被新科技和飞速发展的机器人大军取代。人类从事的工作在改变，工作的方式也在改变。但是，人类仍然是世界舞台上的一个重要角色，管理学也仍然有存在的必要。

管理学关乎到人们生活工作的各个层面，关乎与人合作、理解人、激励人、提携人，以及启发人等。管理学的要义在于与人合作，实现目标。这就需要一个安全舒适的工作场所，人们在这里能够得到尊重，也能发挥出最大的潜力。希望对这一点持有异议的读者，在读完这本书以后，会有不同的感触而消除异议。如果哪位读者对我们的论证存疑，请观看我们和其他几位优秀的管理学学者一起参加的“炉边谈话”（fireside chats，一档访谈节目），本书广泛引用了这档节目里的语录。读者可以在这本书结尾的附录中看到这个节目的全部内容。

◎ 本书要解决的问题

2017 年有一部儿童电影《宝贝老板》（*The Boss Baby*），里面有一个很有趣的情节。流水线上的宝宝们在接受测试（当然这只是一部儿童闹剧而已），测试结果将决定宝宝们被送到何处。如果宝宝被轻挠过之后，嬉笑不能自控，就会被送到一户幸福的家庭。要是宝宝能够自控没有嬉笑，标着“管理”字样的灯就会闪一下，这个宝宝则会被送去从事管理工作（在很大程度上，这个笑话的目标受众是宝宝的监护人，而不是宝宝自身）。

言归正传，管理是个很大的挑战。很多人一听到“管理”这个词就头疼不已。为什么《办公室》（*The Office*）这样一部轻松喜剧会大获成功，并成为席卷全球的文化现象？因为我们都遇到过糟糕的老板，我们都曾是糟糕管理的受害者。在进入正文之前，我们要引用最伟大的管理学作家彼得·德鲁克（Peter Drucker）的一句话作总结，他警示我们要破除对管理的错误见解，去关注那些真正有效的管理方法。彼得说：“很多我们所信奉的管理方法，只会让我们在工作中面临更多困难。”

希望这句话对你有启发。

目 录 CONTENTS

陷阱 1

存在一种适用于所有管理情况的万能方法

不要轻信那些说自己已经永远地征服了管理的人。

如果有简单的方法来解决复杂的问题，我们的工作是不是会更容易呢？那样的话，我们就不用绞尽脑汁了，压力也会变小。压力越小，你要做的事情和要做的选择也会变少。你只需继续学习“某种领导风格或某种管理决策”，就可以很好地完成工作了。

这种对简易性的渴望，在一定程度上解释了在机场上看到的所有管理书籍向你做出诱人承诺的原因，诸如“取胜三步法”或“正确的领导方式”。

然而，并不存在一个万能的领导或管理方式，因为员工具有差异性；工作环境会发生变化；企业和组织要经历不同的发展阶段和周期，当前的交易状况亦是如此。此外，竞争可能会改变企业的经营方式，因此领导者和管理者必须能够适应变化，不能一成不变，就像他们希望他们的团队适应变化一样。

大约 50 年前，保罗 • 赫西（Paul Hersey）和肯 • 布兰佳（Ken Blanchard）对“只有一种正确的管理方式”这一观点提出了质疑。他们提出了“情景领导”（situational leadership）的概念，这是用一种更具有适应性和灵活性的方式来思考领导者和管理者任务的方式。

在工作中，员工需要不同程度的指导和支持。赫西和布兰佳认为，你至少需要四种略有不同的管理方式，选择哪一种取决于你的合作伙伴以及你的工作场合。

开始一项任务或项目时，团队可能需要很多指导，这是“命令”。随着任务的性质和需求越来越清晰，需要的指导会变少，而需要更多的支持和双向沟通，这是“销售”。

一旦工作真正开始，就需要共同决策，团队工作主要依靠大家的主动性，这时，只需更少的指导，却需更多的支持，这是“参与”。当团队完全承担了工作责任，实际上不需要任何指导，只需要感兴趣但又独立的支持，这就是“委派”。

心理学家罗布·戴维斯（Rob Davies）与作者的聊天中，半开玩笑地将这种管理模式比作高尔夫击球方式。高尔夫球手只有四种不同的击球方式：远距离击球、短距离击球、草地击球或沙地击球（狂热的业余高尔夫球手可能会反对说，他们的比赛经验让他们有更多击球方式，而不仅仅是线性击球）。

亨利·明茨伯格（Henry Mintzberg）教授（见附录3）说得很清楚：“管理是一种极为传统的，只有管理者参与的形式。员工对管理者没有期望，他们之间也不存在争辩。只有那些关心公司前景，参与管理事宜，知道发生了什么事的人才有资格参与管理。人们同情人力资源之外的所有员工。你知道的，当你看到某人在工作方面的绝佳天赋时，你会觉得他们无论做什么都是理所当然的。”

◎ 优秀的榜样与糟糕的榜样

然而，为什么我们仍然容易产生这样的想法：一种类型的领导者或管理者可能已经彻底解决了管理问题，而我们其余的人只需努力模仿和赶上那个人即可？这在一定程度上是由于简单解决方案的吸引力：“你只需要知道这些。”［不过，我们应该记住，我们通常认为这种观点是美国记者霍利·门肯（HL Mencken）提出的，他认为每一个复杂的问题总有一个简单、简洁、错误的解决方案。］

洛桑国际管理的菲尔·罗森维格（Phil Rosenzweig）在著作《光环效应》（*The Halo Effect*）中提到，外界诱使我们会相信企业讲述的神话（甚至一些日常故事），以及对外宣称的成功案例。这些故事又反过来被记者和商业学者传播维护。

因此，据说首席执行官身上一直都有一种理想的领导风格和方法。有人认为，向特里·莱希爵士（Sir Terry Leahy）、史蒂夫·乔布斯（Steve Jobs）或郭士纳（Lou Gerstner）那样的领导人学习，一切就都会好起来。但其实这并不是一个好建议。

领导者和企业是在特定的、有限的时间内取得成功的。但世上没有永久的胜利，单一的领导和管理方式并不总是有效的。事实上，暂时的成功经常会导致企业错误地认为，他们无须改变管理方式。就在几年前，乐购（及其管理层）还被视为万无一失的商业霸主，然而最近，它不得不彻底反思其运营方式。吉姆·柯林斯（Jim Collins）著有《从优秀到卓越》（*Good to Great*，2001）一书，这本书的重点不在于他公司成功的永恒秘诀是什么，而在于他们在一定时期内做出了重要的改变，从而走向成功。

正如作家伊芙·普尔（Eve Poole）在接受我们采访时说的那样（访谈内容见附录 2），领导力并不是一成不变的。她说："这是一个手艺活，需要每日不停地练习……根据我做的调研，真正的领导者都明白这一点，在平时的工作中应用这一点，而且一直在寻找机会提升自己的技能，使自己的领导能力跟上时代变化的脚步。"普尔博士将这一过程称作"领导力的锤炼"（leadersmithing）。

她说："领导力的锤炼可以使领导者获得极强的领导能力，领导们通过每周的训练或者在一些会让自己感受到压力的情境之下接受磨炼，这样他们可以学到更多，将来也更有可能在压力重重的情况下一直做出正确决策。领导力锤炼的本质在于好好地利用过去的经验，不屈从于命运的安排，主动地去锻炼自己，让自己形成条件反射般的自动处理事务的能力，这样才能自如地应对将来可能发生的几乎所有状况。"

◎ "为什么你应该向我学习"

托尔斯泰有一句关于家庭生活的名言："幸福的家庭总是相似的，不幸的家庭各有各的不幸。"这句话并不适用于各大企业和组织，因为它们之中的成功者各有各的成功之道。因此，没有一条成功经验可以适用于所有情况下企业的领导或管理。麦肯锡的前任全球管理合作伙伴伊恩·戴维斯（Ian Davis）在一次与本书作者的谈话中很好地论证了这一点。他说："所有人们总结出的商业规律都是错的。"你只要想想他的公司多年来调研过多少企业，就会知道这是一条很实用的建议（难得的是，还很划算）。领导者必须对自己的处境有一个清晰的认知，然后采取最恰当的解决方案。

戴维斯曾经精辟地指出，机场书店的商业书籍中所存在的成堆问题。这些书外表花哨，承诺会向读者揭示那些明星老板的成功秘诀。不管这本书封皮上印的名字是什么，它暗含的意思其实是：为什么你应该向我学习（这里的"我"就是作者）。但是，不管你买了多少件黑色 POLO 衫，你永远也不可能成为乔布斯。不要想着按照他们的方式去追求成功，你要按照自己的方式去追求成功。毕竟只有你自己的方法和能力才是真正属于你的。

注：当然，如果你是在机场买的这本书，我向你表示感谢。

陷阱 2

身居高位的管理者最辛苦

做一名领导有多难，这个话题具有浓重的个人主义色彩，因为这个话题忽视了其他员工所面临的压力。

很多总裁都说，裁员是他们做过的最艰难的决定。如果也有总裁这样告诉你，请你不要轻信他。这可能并不是他们的真实想法。总之，在一个个人价值泯灭在“员工总数”这一空洞的数字之中的世界里，节约成本和提高效率是一个永恒的议题。如果你觉得CEO们在裁员时会不好意思，那你简直是异想天开。重组和裁员是一种企业常态，有时甚至是不可避免的，还是多同情那些被裁掉的员工吧。

管理者往往安慰自己，不会有人理解自己的工作是多么艰辛。确实，他们需要承担所有责任。到目前为止，虽然他们可能得到最多的报酬，但一旦出事，他们也将承担主要甚至全部责任。他们的名誉随时可能受损。

但考虑一下，从某些方面看，高层的工作真的不算难。首先，你有很多助手，大部分时间大家都是随时待命。除了私人助理的帮助，还有一些同事也会非常热心地协助你，因为他们的仕途发展需要取决于你的考核评价。

有人帮你解决生活中遇到的所有琐碎问题，让你享受舒适的旅行，住进豪华的套房。此外，在这个公司中，你将比其他人拥有更多的自主权。你的开场白将会拉开会议的帷幕，你的总结将会宣告会议的结束，员工们对你的讲话会洗耳恭听。此外，你可以选择工作内容、工作时间，以及给员工分配工作任务。

◎ 中层和下层员工的困境

迈克尔・马默特爵士（Sir Michael Marmot）在《白厅的研究》（*White hall studies*，1991）中关于公务员的健康和福祉方面的研究发现，压力最大、有严重健康问题的不是上层管理者，而是那些在底层工作的员工。

研究发现，那些“工作控制能力”低的人，比起“工作控制能力”高的人死于心脏病发作的可能性高达四倍。此外，他们似乎更容易患上各类与压力有关的疾病，如癌症、中风和胃肠道疾病。

换句话说，中层和底层的员工的生活远比高层艰难。“地位高的人有很多需求，”马默特写道，“但他有很强的控制能力，高需求和低控制力结合在一起，便是压力所在。”比起高层，底层员工很少能享受到社会参与感，他们的交际圈闭塞而缺乏声望，因此他们很难改变自己的处境。随着劳动力市场日益分化，自然而然的，优越的高层工作（及高薪水的工作）越来越少，差强人意的中层工作较多，且压力相对较小，而大量底层工作薪水低又不稳定。这才是他们真正困难的地方。

◎ 现实一点

欧洲工商管理学院商学院的曼弗雷德・凯茨・德・弗里斯（Manfred Kets de Vries）教授在其著作《沙发上的领导》（*The Leader on the Couch*，2006）里，引用了一位即将上任的首席执行官的自我坦白（关于会议室里的秘密）：每天进入办公室的时候，我有能力决定我的 10000 名员工生活幸福或不幸福。无论哪种方式，都不需要太多精力。

至少，他的话很诚实。这也证实了面对严峻生活和工作挑战的是中层人员，而不是漫步在走廊中或闲坐在安静的会议室的管理阶层。

一旦认识到这一点，领导或者管理者们则会改变其管理方式。管理者需要斟酌，应该赋予员工自主权程度的大小，是否处理一些日常琐事，也要向上级提出申请。

你知道自己的员工面临多大的压力吗？底层员工在自己的工作领域的资源

微乎其微，这一点与身处高位的管理者截然不同。坦诚地说，新职员的收入微薄，会面临比管理者更大的压力。你了解生活开销的增减对他们的影响吗？你能体会到在地铁高峰时段拥挤的滋味吗？丝毫没有坐高级轿车的惬意舒适感。

◎ 管理者的资格

随着各国“超级领导人”的工资和身份水涨船高［相关细节可参照托马斯·皮凯蒂（Thomas Piketty）的一部重要著作《21世纪资本论》（*Capital in the Twenty-first Century*，2014）］，很多人在经济和其他方面被抛在了后面。这在政治领域掀起了巨浪，导致了英国的脱欧公投，特朗普当选美国总统以及在全球其他地方民粹政党的崛起。对这些情况，各国商业领导人不太可能喜闻乐见，不过会对一些董事长感到诸多的不满，尽管薪水优厚，工作稳定，待遇良好，却误以为个人的价值没有得到公正的评价。

企业老板自认为应该享有高薪和良好的工作条件，要求其优于常人的独特能力理应得到不同的待遇。然而他们的这种看法并没有多少人赞同。高得惊人的薪资只是管理者能力的一个表征，但无疑是最有力的那一个。如果一个管理者认为自己拿到的薪水，应该颇高于同领域一般员工，大家就能推知你们企业的价值构建情况。正如入围英国富时100指数（FTSE 100指数，是在伦敦证券交易行上市的最大的一百家公司的股票指数）的一家公司曾说的那样：“我们每年都中头彩。”这听起来令人振奋，不是吗？

管理者们，如果你们真的认为高处不胜寒，干脆试着去底层工作，感受底层的生活吧。

陷阱 3

工作时间越长越容易成功

必要时，可以长时间工作，但是你也要懂得停下脚步，平衡工作和生活。

先投入后收益。一些老板认为他们必须以身作则，早起晚睡。但问题是，这可能并不是一个好榜样。只注重出勤而不注重效率的“出勤主义”没有任何用处，而为了做样子，强迫员工加班加点则是一种更糟糕的行为。

不仅盎格鲁 - 撒克逊人存在加班这一问题，日本人亦是如此，他们甚至还专门为此创造了一个词——过劳死（karoshi），指的就是工作过度导致的死亡。日本许多工作场所的常态是，老板不下班，员工也不下班，他们就坐在窗边，无所事事（也有一个专门描述此类现象的短语）。（《日本时报》报道，日本政府相关部门建议，员工的加班时间应控制在每月 100 小时以内，每年不得超过 720 小时。然而，事实证明，把加班时间控制在每年 720 小时内，也很难实现。）但是在德国，加班通常是你工作效率低的表现，你只会为加班感到尴尬而非自豪。

英国的生产率仍停滞不前，这表明加班文化并没有太大益处。例如，英国人工作效率比法国人低 20%，也就是说，每周五，当法国人已经开始享受漫长的周末时，而英国人仍然在上班。这是成功吗？（提示：不是。）

◎ 你为什么不想回家

企业的加班文化并不能解决生产率问题，也不利于员工的心理健康。公关公司兰斯（Lansons）在2015年的一项叫“英国人在职场”（*Britain at Work*）的调查中，对英国2000多名员工进行了调查，结果显示，许多员工都在无偿加班，有61%的人表示，他们经常加班超过规定时间。英国职工大会（TUC）2017年数据显示，英国工人2016年的无薪工作时间为21亿小时，平均每人创造价值超过6000英镑，总计将近340亿英镑。但是我们工作这么努力，为什么我们生产率还是这么低呢？生产率低意味着，员工得不到应得的报酬，他们投入很多时间，但得不到任何回报。

长时间持续工作会让我们很疲惫，很难提出创造性的方案来解决问题，继而影响工作表现，同时也会影响我们的身体健康和个人幸福，从而陷入了一个恶性循环。许多人为了弥补工作效率低下，会投入更多的时间工作，这最终会导致压力增大，做出错误或不明智的决定，甚至表现得更加糟糕。家庭生活也不可避免地受到影响。

◎ 健康就是财富

在过去，员工缺勤，往往是由于背部疼痛，或其他肌肉骨骼类疾病。而如今人们旷工，多半是由于工作压力导致的抑郁和焦虑等症疾。这种情况下，即便投身于工作，也不能为企业创造有效价值。

根据英国职场调查，英国企业长期处于工作时间长但效率低的困境中，30%的员工觉得他们没有足够的时间来有效地工作，18%的人说他们经常因为过度劳累而工作表现不佳。我们认为，超负荷量的工作时长，是导致效率下滑的原因之一。想提高效率，我们需要改变态度，从长远来看，长时间工作不仅效率低下，无法实现高产出，也不利于员工身心健康。

所有会议都是必不可缺的吗？员工是否需要经常出差，离家一段时间？晚上或者周末有很多社交活动吗？这些都是管理者应该考虑的问题。

◎ 打破企业加班制度

如果想要员工做出改变，管理层就必须向整个公司传达一个指示，即我们既不需要也不期望员工长时间工作。这意味着负责招聘的人事经理不仅要工作能力强，而且要善于管理他人。我们经常看到不擅长管理的人被任命到管理职位，这是因为许多公司雇用管理者时，并不重视他们的人际交往能力，主要考虑的是他们的工作能力或者他们在前一份工作中的最低产出（而没有考虑他们会给公司带来什么损失）。

在招聘公司经理的时候，我们需要考虑到候选人的人际交往能力，还要考虑他们是否善于协调与同事之间的关系。

我们需要的管理者，是那些能够与员工进行沟通，并引发其共鸣感应的人。这种管理者能够赢得雇员的信任，打造灵活多变的企业文化，布置给雇员的任务不会超过他们的能力范畴，设置合理的任务截止日，还能给他们恰到好处的工作自主权。

对于很多管理者来说，一旦员工的个人情绪掺杂进工作领域，团队管理就会变得更加困难。大多数公司主管没有受过专业训练，在处理员工家庭纠纷和工作中复杂人际关系时束手无策，因此我们需要加强这方面的素养。

各大企业要确保其管理者能够处理好各种人际关系，同时在招聘时优先考虑候选人的所谓“软技能”，否则国家的生产力水平不可能大幅提升。把公司变成剥削雇员的血汗工厂根本不是解决办法，这也会大大损害员工的健康。就像伍迪·艾伦说的：“玩命工作是不能让我永生的，保持健康，爱惜身体才能！”

◎ “告诉我，你想如何度过你的宝贵人生？”

面对题目中的这句话，很多濒临死亡的人都有很多想说却没说出口的话，相信很多读者对这句话已经耳濡目染了，我们无须赘言。道理一般人都懂，但问题的症结是，如何按照自己的想法度过自己的一生。不用说，经济状况（说直白点就是有多少钱）决定了我们选择过怎样的人生。仅仅是为了维持生计，把我们困在一份自己厌恶不堪的工作中，其实这种糟糕的状况还是有办法避免的。许多不到40岁的人对此深有体会。他们亲眼见证自己的父母日复一日过着这种生活，从内心深处感到厌恶。

工作很重要。它带给人的不只是收入，还有生活方式和意义感。人们想要做出自己的成就。但是如果他们的管理者工作没做到位，大多数人只会重复着枯燥无意义的工作，被绝望感苦苦折磨着。管理者需要让雇员明白长时间工作弊大于利，甚至尽快下班回家，远比继续工作要好。

声明：这一节的内容源于2015年10月《人力资源》（*HR*）杂志刊首发表的文章，已获得该杂志的允许。

陷阱 4

你应该隐藏自己的脆弱

约翰·韦恩（John Wayne）去世了。在 21 世纪，管理者不是万能的，他们可以向他人倾诉忧虑，寻求帮助。

1980 年 10 月，英国保守党领袖玛格丽特·撒切尔（Margaret Thatcher）迫于严峻的政治压力，前往布莱顿参加该党的年度会议，当时她已执政一年半。而在她执政期间，英国失业率迅速上升，通货膨胀率仍然保持在两位数。撒切尔政府如此不得民心，大部分观望者预计她会改变方针，调整政策。

而事实恰恰相反，撒切尔夫人说："有些人正在屏息期待，等着我彻底转变政策［媒体甚至用专门的词'大转变'（the U-turn）来形容］。我对他们只有一句话：'你可以随心所欲地去改变，而我却永不后退！'"

与会代表、媒体都很兴奋，这句话也一直沿用至今。今天，"大转变"（U-turn）这种想法（在美国，人们称其为"反转"）仍被视为政治灾难，领导人决不能这样做。作为一名领导，你就应该意志坚定、做事果断，不轻易改变自己的立场。

作为英国首位女首相，撒切尔夫人的确是位了不起的人物。她在执政期间所取得的成就，不管你是否认同，她在历史上的地位都是值得肯定的。但是，对领导层和管理层来说，这一著名的谴责言论"大转变"，却是一场灾难。它是亘古不变的管理谬论之一：不管在什么情况下，你都要坚定自己的立场，毫不示弱，毫不动摇，全力以赴，永不后退。转变只会导致失败。

但这个神话般的事件甚至不能准确描述撒切尔夫人的执政记录。是的，在1984年至1985年矿工罢工期间，她成功地领导了一场镇压罢工的战斗。但事实上，三年前，在工会胜算较大的情况下，她却不敢与他们作战。她能在公开场合强硬地说话，却在私下里巧妙委婉地表明自己的立场。这就是现实世界。但是事实证明，神话是永流传的。

◎ 大男子主义不等于控制狂

关于领导和管理的一些陈旧过时的观念仍然影响着业绩的提升。“指挥与控制管理”的理念或许已成陈词滥调，但这种理念流传了很久。自上而下的管理体系仍支配着整个公司，对员工的要求也导致了严重的、适得其反的后果。2015年10月，英国人力资源协会（Chartered Institute for Personnel and Development）对3500多名高级管理人员进行了一项调查，发现29%的高管不得不“慎重考虑是否要违背自己的原则”，以满足当前企业的需求。20%的人表示，为了让老板开心，他们不得不在原则上妥协。

相对于僵化和独裁的管理模式，更加开放和包容的管理模式显然更容易让员工接受。在一个制造业占主导地位的经济体中，当数百万人去执行简单、重复的任务时，管理者在很大程度上只是负责完成生产目标而已。弗兰克·威廉姆斯泰勒（FW Taylor）提出的“科学管理”是基于高效的工作过程及“时间动作研究”原则，而这正是你所需要的。

如今，服务业成为现代化经济中的支柱（在英国，服务业占经济总量的80%左右），人文因素变得越来越重要。我们需要员工能够对客户的需求进行敏锐和创造性的思考和回应。你不可能一直压榨别人，因此，管理者也需要更人性化：让思想开放一些，而不是封闭自己；与他人近距离交谈，而不是远程联系；要健谈，不要内向；是的，有时甚至可以表现出不安和疑虑，毕竟管理者并非“完美无缺”。

亨利·明茨伯格教授（见附录3）说得很清楚：“管理是一种极为传统的，只有管理者参与的形式。员工对管理者没有期望，他们之间也不存在争辩。只有那些关心公司前景，参与管理事宜，知道发生了什么事的人才有资格参与管理。人们同情人力资源之外的所有员工。你知道的，当你看到某人在工作方面的绝佳天赋时，你会觉得他们无论做什么都是理所当然的。”

◎ 脆弱是每个人不可或缺的一面

20世纪90年代中期，心理学家丹尼尔·戈尔曼让“情商”一词家喻户晓。不同的人对这个词有不同的理解，但就管理而言，其核心意思是，理解并利用你和同事面对世界产生的情绪反应。举个例子，当你无法向你的团队发出大胆又明确的指令时，你要认识到你的疑虑和心中的不确定性。

在《你凭什么领导别人》一书中，作者罗布·戈菲和加雷斯·琼斯认为，以成为一个毫无疑虑的硬汉型领导为目标是不理智的。他们在书中写道：“领导者应该主动暴露自己脆弱的一面。这样一来，下属们会更愿意同领导者亲近，觉得领导者更有人情味。”

◎ 强势的领导者，逊色的业绩

当今世界上许多国家领导人都很强势——特朗普（美国）、普京（俄罗斯）、埃尔多安（土耳其）、杜特尔特（菲律宾）。他们给其各自的支持者留下了深刻的印象，也能震慑住反对者。但他们在处理政事上表现得怎么样呢？在解决哪一个重大问题上他们取得进展了呢？一旦他们下台，他们各自的国家又会变成什么样呢？如果只凭他们的眼前业绩，就认为应该在工作中学习他们的领导风格，那就大错特错了。

英国前首相撒切尔夫人曾主导英国政坛多年，但她在政治舞台上的最后时刻是非常失败的，人们对她的评价可谓毁誉参半。她下台后，英国保守党溃不成军，整整13年没有掌权，直到2015年才重新在议会中赢得多数席位，与1992年议会选举中大获全胜相差23年。

◎ 要做克林特，不要做麦琪

如果我们想找一个可以效仿的人，在好莱坞大片中，可以找到一个比现实政坛领袖卓越的领导者。由克林特·伊斯特伍德（Clint Eastwood）饰演的旧金山重案组的警官哈里·卡拉汉（Harry Callahan），人称“癞汉哈里”（Dirty

Harry），在系列电影《紧急搜捕令》（*Magnum Force*）中的第二部里给了我们一些很好的建议。

与腐败、欺诈等种种恶势力斗争中，哈里一直保持冷静。他的智识远胜那些不自量力的敌人，使他屡屡在较量中获胜。猜猜他留给手下败将的最后一句话是什么？他说："人要有自知之明。"

克林特说得没错。不要假装成另外一个人，不要装作非常笃定的样子。如果情势需要，一个领导者是可以改变主意或者换一种方法的，寻求别人的帮助也未尝不可。这不代表你无能，相反，这是另一种宝贵的能力。

陷阱 5

高层管理者是孤独的

遇到困难时，管理者可以向他人寻求帮助，不必孤军奋战。

“不要相信任何人，我的朋友，绝对不要相信任何人！”罗伯特·格雷夫斯（Robert Graves）曾写过一部历史小说，讲述了一位本无希望登上王位的罗马君主（Wise，1976）成功逆袭的故事，之后经过 BBC 改编搬上荧幕。戏中希律·阿格利帕（Herod Agrippa）给年轻的（未来的皇帝）克劳迪斯（Claudius）发出一条忠告：“不要相信任何人，包括对你感恩戴德的自由民、和你亲密无间的朋友，甚至你至亲至爱的妻儿！”

如果你把工作和生活视为一场比赛，在这场比赛中，只有牺牲他人的利益才能取得成功，那么你会很认同希律的看法。毫无疑问，有些工作场所，人与人之间确实缺乏信任，每个人都是为自己服务的。

但是，缺乏信任的工作环境，效率也很低。在职场政治方面，你不知道哪些同事是可靠的，所以，在拉拢别人上浪费了太多时间。正如诺贝尔奖得主奥利弗·威廉姆森（Oliver Williamson）所说：“缺乏信任会增加公司运营成本。”仅凭你自己的思考而不与他人交流意见，这样很难做出明智决策。管理者独断地制定决策而不征求他人意见，这样的论断已经过时了，需要被剔除。

这一观点没有争议，也不难理解。然而，管理界经典的陷阱之一是，高层管理者是孤独的，而且必须孤独。你要独自做出重大决策。你不能将你的信任交付给任何人，因为你不知道这份信任是否会得到他人的尊重。更糟糕的是，如果他们想取代你怎么办？少分享，少解释，知识就是力量。这种不安全感的背后隐藏着如何将继任扼杀在摇篮的老生常谈：一旦升到高层，你需要将公司上至管理层下至基层员工全部考察一下，找出最有可能接替你的人——并打倒他们。

◎ 只有孤独

老板们不应该独自做出重大决策。决策在实施之前，必须经过讨论和检验。这不仅是良好的公司管理手段，也是常识。彼得·德鲁克说：只有持不同意见的人经过讨论之后达成的一致才是真正的意见一致。换句话说，决策在实施之前，必须进行讨论。

那些有合伙关系的法律或会计事务所和管理咨询公司，他们有时会用探讨性的管理模式来替代个人专断的模式，通过与合作伙伴不断商讨咨询，管理者可能需要更长的时间才能达成一致的决定。但当他们做出决定、规划好未来的发展方向时，就为今后的发展奠定了良好的基础。2008 年，全球金融危机导致经济低迷，此后，法律公司安理国际律师事务所（Allen & Overy）和零售商约翰·刘易斯（John Lewis）这对伙伴迄今为止虽然仍保持着合作关系，但他们面临着前所未有的裁员难题。这两家公司的做法都没有给企业带来太多的麻烦，部分原因是这两家公司性质虽截然不同，但有着协商性的管理关系。虽然有时候很难达成一致，但他们并不专断，许多员工都能提出自己的想法和观点。

伦敦卡斯商学院（Cass Business School）教授、专业服务公司专家劳拉·艾普生（Laura Empson）说得很好：“如果你认为高层领导者必须是孤独的，那你就错了。”（见附录 5 中我们与劳拉的“炉边谈话”。）

◎ 信任

信任是解决专制最好的方法。你首先需要向人们证明你是信任他们的，他们才能向你证明自己是值得信任的。你必须给予信任才能得到回报，虽然有一定风险，但可以让你摆脱专制。

除此之外，你必须找出与你观点相左的人。找一些和你意见一致的人虽然能够让你不再孤单，但这是让自己感觉参与了更重要的事的一种糟糕方式。这样的结果只能是停滞不前和创造力的缺失。真正的“与他人产生连接”一定是寻找那些跟你不一样，能够在对话中引入新内容的人。全靠自己不是一件好事，不过比这更糟的是你假装包容不同的意见，骗过了别人也骗过了自己，事实上却在一直寻找跟自己持相同观点的人。

◎ 这是个团队游戏

领导力与团队密不可分。管理者需要团队中其他成员的帮助，这在体育界也同样适用。即使是那些让人觉得是全凭一己之力取得成功的明星运动员，他们往往也要仰仗其他人的帮助。羽毛球运动员一直都在关注自己的教练以及团队里其他成员（可能包括理疗师、健身达人、营养学家和心理学家）以寻求启发。高尔夫选手在比赛过程中全程与经理人保持交流。这些运动员没有一个感到寂寞。企业领导者也不应该受到寂寞的困扰。

你要是明白这一点，很多跟管理有关的问题都会迎刃而解。你不是孤军奋战，可以向他人求助。你能够，而且应该去倾听不用的观点，来提升自己的认知。你不需要给出所有问题的答案。

华尔街的传奇——摩根大通集团（JP Morgan）的杰米·戴蒙（Jamie Dimon）曾说，他需要值得信赖的同事给他支持和建议。几年前在哈佛商学院举办的某个活动上，他发表了自己对领导力的看法，澄清了外界人士对他的几点误解。

戴蒙说：“他们说你起码得有一个跟你讲实话的同事。如果你的 10 个同事里真的只有一个对你诚实，你就应该把另外 9 个都开除！”

一个领导者如果常常感到寂寞，那他就应该好好反省。打开办公室的门，多跟同事聊聊，寻求他们的帮助。只有融入外面的真实世界，领导者才更容易成功。

陷阱 6

你必须是办公室里最聪明的人

对管理者来说，最重要的不是争做最聪明的人，而是懂得知人善用。

当你的抱怨和挑剔超出了老板的忍耐极限时，他就会向你发火："好吧，既然你觉得你如此聪明，那么你来当老板吧！"这句话的潜台词是：领导者一定是最聪明的人。人们认为，老板之所以能赚大钱，是因为他们非常聪明。但事实并非如此。管理层发现员工的才能，并尽可能地让他在自己的岗位上充分发挥才能，这才称得上聪明。

有些人推崇领导，认为最好的想法来自领导层。"战略"（strategy）一词源于希腊语，指的是一位军队里的将军（见陷阱 19）。因此，可以理解，为什么管理者在决策时会倍感压力。作为一名团队成员却轻松很多，可以悠闲地坐在椅子里等着老板分配任务。

但是，真正聪明的领导几乎可以肯定，自己不是团队里最聪明的人。当然，只有谦逊的领导者才能认识到这一点，而谦逊是一种低调的品质。从商业领导身上，我们通常看不到这种品质。而只有每个人潜心发挥自己的才能，成功才会到来。

◎ 意识到自己的无知

2017 年，在致股东的一封信中，亚马逊创始人兼首席执行官杰夫·贝佐斯（Jeff Bezos）透露，他们公司的成功，得益于智慧与谦逊的结合。贝佐斯是一个非常聪明的人，但他不会装做什么都知道，也不会声称自己是万事通并专断地做出重大决策。

贝佐斯强调，做决定时自律很重要。在信中他写道："做大多数决策时，可能你只知道大约 70% 的信息，这些是你希望了解的。如果你想去了解 90% 的信息，大多数情况下，你很难有进展。"（贝佐斯，2017）所以不管你自认有多聪明，你也不可能无所不知。有时候你只需坚持下去，如果结果证明你的决策失误，那就根据情况进行调整。

紧接着他又提出了一个有趣的观点，即如何基于价值使决策生效，避免等级制度或员工假意的顺从扼杀价值的产生。

◎ 意见分歧中的承诺

贝佐斯建议，意见有分歧时要向对方做出承诺，这样会节省很多时间。如果你对一个特定的发展方向有信心，即使双方没有达成共识，你也可以说："听着，我知道我们在这个问题上有分歧，但你愿意和我赌一把吗？我确信我们会成功。"这个时候没有人能确切地知道是否会成功，所以可能很快，你就会得到一个肯定的答复。

贝佐斯说："除了员工，这种方法也适用于老板。尽管我们意见不一致，但我始终确信我们会成功。我们提前批准通过了亚马逊工作室的原创作品——电视制作。我告诉制作团队：不管它是否足够有趣，制作起来是否复杂，商业术语是否足够吸引人，我们仍然有很多其他的合作机会。他们的意见与我们相悖，但还想继续合作。我马上回复说：'尽管意见有分歧，但是我相信我们可以成功，我希望它成为我们做过的最受关注的事情。'如果制作团队没有简简单单地听从我的意见，而是费力来说服我，整个决策过程会持续多久。

"请注意，我当时所想的并不是：这群人的想法都不对，完全没想到点子上，但我用不着想方设法地去说服他们。我认为这是真正的意见分歧，我把自己的观点明明白白地表达了出来。团队成员可以借此机会考虑我的观点，这样他们就会更快、更坚定地按照自己的方式行事。鉴于这个团队已经为公司捧回了 11 个艾美奖、6 个金球奖和 3 个奥斯卡奖，我真的很庆幸他们愿意让我也来参与讨论。”

◎ 时刻牢记你只是一个普通人

一个人想要去领导别人，想要在公司一路升迁，想要上司欣赏自己的才华，这都是人之常情。雄心壮志可以给人带来积极影响。如果一个领导者自己有出众的能力，那他也应该给自己的下属一个展示才能的机会。

但是，成功也有害处。它会让收获它的人自认为天赋异禀，觉得自己的直觉永远不会错。领导者一旦自负到了这种程度，就会丧失谦卑之心。他们会认为自己才是整个团队里最有头脑和能力的人，而这种想法无疑是很危险的。

本书探讨的是领导力和管理学的重要性，其重要性并不是因为领导者自己拥有非凡的能力，而是领导者激发下属才能的能力。领导者必须去鼓励下属，让他们发挥自己的潜力，所以他们的作用至关重要。团队的智慧不只是源于领导者，而是云集了团队里所有成员的才智。

一些领导者总是想让别人觉得自己才是唯一的聪明人。安然公司（Enron）曾风光一度，在 2001 年却以破产而告终。仅以其破产以后广为流传的一句话作为对大家的告诫：“安然公司总裁一直认为自己是办公室里最聪明的智者。”有时候，你竭尽全力地去让别人对你另眼相看，最后却适得其反，给他们留下愚蠢至极的印象，甚至是更为滑稽的、荒诞不经的恶劣印象。

陷阱 7

等级制已经消失

两人相遇，便会立即显现等级差别。

——约翰·亨特教授（1937—2015），伦敦商学院

20 世纪 60 年代，有一句非常流行的俚语：不要相信 30 岁以上的人。这句话体现了一种消极的权威态度，可以说，这种态度有点无礼，甚至是一种愤世的偏激。那些白发苍苍的“白痴”到底能教会我们什么？他们不过是被时代淘汰的“高层员工”，不值得我们的信任，在某种程度上甚至还是我们的对手。

在一些公司和组织内部，多少也有一些类似的想法。在一个更正式、社会约束更强的世界里，多层次、严格的等级制可能更有意义。但是，亲爱的朋友，那已成为历史了。现代社会，人人平等，或者说我们正在走向平等。今天，没有人可以随意指使他人。等级制陷入了弱势局面，面临着被废除的困境。

反对等级制的人，提出了一些有力观点：职务的高低，并不能代表一个人的权威性，当然，也不能作为评判员工能力的必然标准。别人不会因为你职务级别高，就特别尊敬你。此外，如果想要雇用那些有才华、有创造力的员工，就不要指望他们完全听你指挥，或服从等级秩序。罗布·戈菲和加雷斯·琼斯著有《聪明人》（*Clever*）一书，书中写道：“如果说聪明人有一个共同的特征，那就是他们不愿被别人领导。”

20 世纪 80 年代初，经济衰退，等级制因此受到猛烈冲击。有人认为，应

该废除不必要的企业等级，这就为大规模裁员（由“去工业化”和“缩小规模”引发）提供了理论依据。然后，一个新的管理学名词“管理层削减”就此产生，简单地说，就是大量裁员。老板们可能会借机尝试简化等级制，这可以说是一件非常进步的事情。

即使在今天，真正的“平面化”、无等级商业模式依旧大受追捧。近年来，产生于 IT 行业的“合弄制”备受关注，这个词的理念是：一个全方位的平面网络，由自我管理的团队组成，可以取代正式的、自上而下的等级制度。就像大多数管理技巧一样，这个模式的对外宣传有些言过其实，成功的事例是少之又少的，要么是昙花一现，要么深不可测。

戈尔公司（WL Gore）是一家高科技纺织纤维制造公司，该公司的做法有趣而有说服力。这家公司里没有正式的职位头衔，等级制度有限（可能不存在），只有一小群专家团队在共同工作，并就接下来的做法达成一致。只有通过合理的做法才能赢得权威，而不是严格的等级制度。正如戈尔的一位员工对加里·哈默尔教授所说［见 2007 年出版的《管理的未来》（*The Future of Management*）］：要想知道你是否被视为戈尔的领导，只需召开一次会议，看是否有人出席。

20 世纪 50 年代，戈尔公司的创始人创立了其独特的企业文化。这是一家私人企业，无须应对麻烦的股东并迎合他们的要求。成熟的企业或更传统的企业不能轻易模仿这种模式。

◎ 等级制度无处不在

“两人相遇，便会立即显现等级差别。”这是伦敦商学院已故教授约翰·亨特的观察结果。这（在当时）几乎是反文化的言论，而且无疑是一种挑衅性的声明。毕竟，这与 20 世纪六七十年代兴起的平等主义、反精英主义的精神相悖。

但亨特说得有道理。不管我们是否认同，等级制度存在于任何正式或非正式工作场所。例如，被极大程度地隐藏起来的存在于法律或会计实务等专业服务公司的微妙的权力关系。从外部看，合作关系是很平等的，可能包括一个高级合伙人和一个管理合伙人，他们的合作方式不带有明显的等级差别，关系会平等一些。职位高的（或高收入的）同事拥有隐秘的职位权力，但他毫无疑问有这个权力，这可能是没有公之于众的。也没有头衔会让人联想到所涉及的等级，但它仍然是存在的。斯坦福大学商学院教授杰弗里·普费弗（Jeffrey Pfeffer）对此表示赞同。“等级是所有组织系统的基本结构原则。”他写道（2013）。不管你有没有发现，它仍然存在。

◎ 职业上升的阶梯

一个不为人所熟知的事实值得我们注意：实际上等级制的存在是一件好事。20 世纪 80 年代和 90 年代发生的裁员事件确实造成了很多负面影响。它所引发的大规模失业的确很糟糕，但这并不是裁员给我们带来的唯一影响。管理层流失的直接后果是企业团队和部门人员冗余，难以管理。（工业社会的约翰·歌奈特过去常说 12 人的团队是最好的，他说：“这对我们的主管是好事，对其他所有人都是好事。”）

人们过去常常对等级严密的组织嗤之以鼻，觉得这些组织中的人们处心积虑地谋划自己的职业上升通道，浪费了太多精力。然而那种传统的职业上升通道最起码可以让员工感觉到自己是有上升空间的。许多职场人士处在成员众多的部门里，脑子里没有明晰的职业发展规划。在他们看来，要想晋升到更高一层的位置变得更难了，在多数情况下甚至让人畏缩不前。这在某种程度上也反映了企业的“中空”现象，即新兴科技取代人类完成中等级别的管理工作，将把技能要求低的工作留给底层的低薪员工，最后剩下的就是拿着高薪的少数高层领导者。如果一家企业有多层级的管理结构，就能解决无等级结构所带来的管理失序和士气低迷的问题。

◎ 未来企业前景的预测

有一点必须明确，本书并不提倡悖逆时代趋势，回归到过去森严的企业等级制，也不赞同僵化的社会分层和对旧秩序的一味遵从。所有这些都是有害的，理应摒弃。事实上，企业应该尽最大努力吸纳有才智的员工。如此说来过去的那种森严等级应该遭到废除，也绝不能延续下去。

如今的年轻职员，尤其是千禧一代，同样认为等级制很荒谬。他们可能不觉得年长些的同事懂得更多，也不认为自己应该听从他们的指导建议。年轻职员们不能意识到自己处在公司的某一层级上，这有时会让在职场驰骋半生的管理者感到不满。这对管理者来说是一个很好的机会，如果他们能成功应对这次挑战，他们就能赢得年轻职员的尊重，自己的话在他们耳中也会更有分量。但是年轻员工如果一直不能安分守己，企业里的所有人都会受到负面影响。一个有凝聚力的团队能接受某个人（或者某个理念、目标）指导自己的工作，并在工作中适应这种情况。

管理者如果打破了企业中的等级制，同时也会打破良性的职业发展通道。他们必须考虑清楚自己想要的到底是什么。每一个发展良好的企业都存在等级结构，这样每一个身处其中的员工都能发挥自己的潜能。

陷阱 8

管理需要始终如一

管理方式不是一成不变的，因此，你要不断改变自己，适应工作环境的变化。

只有那些没有安全感的人才会墨守成规。生活在继续，环境也在改变。在商业领域，公司竞争结果难以预料；在公共领域，政策（和预算）也会发生变化。因此，适时地改变立场或观点是无可厚非的事情。如果你的船正朝着礁石驶去，你就应该改变航向，甚至需要掉转船头。即使你对某种行动或做事风格情有独钟，你也要先发现、承认自己的偏见，然后再继续前进。

管理层过于优柔寡断，酿成的最严重后果就是大转变，其中的原因我们已经讨论过了。但是接下来，我们有必要讨论一下管理方式一成不变的问题。想要保持管理一致是可以理解的，毕竟这种管理方式看起来很可靠，而且会得到同事们的肯定。摇摆不定、情绪化的管理会让员工对公司丧失信心。统一的管理方式也具备公平性，例如，平等对待不同资历或地位的员工。

我们可以始终坚持一个目标，但在努力实现目标的过程中，你应该见机行事，采取相应的战略和战术。当晋升到一个新的职位时，你必须要提高个人素养，这两者并不冲突，反而会使你获得进一步发展。如果自然永恒不变，万物就不会进化。生命意味着适应和改变，而不是一成不变。

然而在商业领域中，僵化的管理方式是致命的。在世界走向数字化的过程中，柯达（Kodak）一直坚持使用老一代的胶片技术；英国的沃尔沃斯

（Woolworths）零售连锁店试图延续之前的成功模式。由于固守成规，这两家公司都走了下坡路。

◎ 智者警言

作家拉尔夫·沃尔多·爱默生（Ralph Waldo Emerson）在他 1841 年创作的散文《自立》（*Self-Reliance*）中写过一句很有名的话："盲目地追求始终如一就是愚蠢的表现，而这却为小政客、名不见经传的哲学家以及牧师们所推崇。"诚然，承认你要换一种方法做事是需要勇气的，但是如果这样的改变是必要的，你却无视它，你就是愚蠢的。如果我们在应该做出改变的时候顽固守旧，这就是懦弱的表现。

遗憾的是，对于始终如一、执着固守的名流评价却未曾留下历史的记载，主流观点认为这句话是经济学家约翰·梅纳德·凯恩斯（John Maynard Keynes）说的。凯恩斯说（这句话的真实性还有待考证）："情况发生变化的时候我就会改变我的想法，你呢？"

没有一份文件或报告表明凯恩斯确确实实说过上面这番话。但这句话是谁说的并不重要，重要的是它的观点很有价值。对那些没有遵守一致性而受到谴责的管理者来说，这是一句有力的辩护词。管理者要从现实出发，而不应该固守成规。这一点我们要一直铭记在心。

陷阱 9

只雇用适合公司的员工

员工过度相似，公司就会走下坡路。公司需要标新立异的员工，来给公司注入活力。

撒切尔夫人过去常问她首次会面的人，或与她一起工作的人，“他是自己人吗？”她想知道这些人是否和她“政见统一”。当然，凝聚力很重要。当我们谈起团队合作时，我们总是觉得，志同道合的人一起工作会相对高效，也会减少冲突。

然而，在招聘时，最糟糕的问题可能是询问面试者是否是“自己人”，因为能轻易融入团队的人不一定是你需要的人。

雇用一名与你，或者与你团队现有成员相似的员工，似乎是明智甚至自然而然的选择。一些老板在面试时偏爱“迷你版”的自己（mini-me），如果求职者看起来很熟悉，或是有着和自己相似的经历，老板就会倍感亲切。

但是，雇用如此相似的人，会使你的团队进步吗？世界瞬息万变，多样性也在逐渐增强。顾客也希望有亲和力的人为他们服务，商业领域也需要多样性。

在公司高层，缺乏多样性更是一个大问题。有些公司通过配额制（或强制实施）来重组以男性为代表的董事会。人们一直疑惑：“我们到底需要一个女人来做什么？”“我们以前都没有女员工，这不是她们该来的地方，为什么要改变录用方式呢？”让一切都保持原样是一种封闭、以自我为中心的想法，那些久居高位的人也恰好是这样想的。

但是，员工相似性强的大型团队，企业文化单一，缺乏多样性，充斥着群体思维和狭隘观点。团队内部太过平和，没有咄咄逼人的争论，也缺乏对权威的质疑。长此以往，就会滋生各种小问题，最终演变为大危机。

◎ 志趣相投的诱惑力

追求相似性，会使人下意识对陌生人产生偏见，偏爱熟人。就是为了避免这种无意识的偏见，面试小组才涵盖了不同性别、背景、年龄的面试官。正如心理学家宾娜·坎多拉（Binna Kandola）所言：在面试开始之前，适当地提醒面试小组努力做到公平，警惕无意识的偏见，这有助于他们面试得更顺利。

一些观点主张积极寻找事物间的差异性，但也有一两个例外。《经济学人》（*The Economist*）的一名高管曾被问及，让他们取得了如此巨大成功的原因。他说："这是由于极度缺乏多样性。"台下的观众主要是美国人，他们都对此相当震惊。虽然那样说有些滑稽，但我们的《经济学人》专栏写手有点淘气，这一点跟他的老板同出一辙。"报纸"（他们坚持那样称呼）可能会雇用很多牛津和剑桥的中上阶层毕业生，要想升职，他们必须思想开放、兴趣广泛且拥有批判性的思维。表面上看来，他们思维单一，但其实他们头脑活跃，企业文化丰富多样。

◎ 企业文化俱乐部

每个员工都融入的企业文化，并不意味着思维一致，那只是表面上的稳定。管理大师加里·哈默尔曾哀叹，人们普遍希望在工作中"保持一致"。你为什么要这么做？为了扼制新想法的出现，还是为了压制要引发的争议？

保险公司希斯科克斯（Hiscox）向来以自己标新立异的企业形象为傲，其办公室充斥着先锋艺术作品，员工在休假时也经常参加一些冒险活动。该公司的总经理史蒂夫·兰根（Steve Langan）是英国人，在2016年1月接受《董事》（*Director*）杂志采访时曾说："我们欣赏那些对自己所做的工作有独到见解的员工——这与主流看法是背道而驰的。"事实上，该公司的理念就是"每一年见证不一样的自己"。

希斯科克斯的首席执行官布罗耐克·玛索加达（Bronek Masojada）说：“一家好的公司应该让新员工摸不透其真正的企业文化。”换句话说，一家公司不应该只聘用那些和自家的理念特别合拍的人。如果人们要下点功夫才能摸清一家企业，这是一个好兆头。因为这说明该公司的文化是独特的，成功入职的员工能够深入了解其文化，那些落选的人则不能。

◎ 差异的优越性

2016 年 12 月与世长辞的记者埃·吉尔（AA Gill）认为，最有意思的人往往是“不合群”的人。他在 2012 年曾说：“那些有意思的成年人永远都是学校里的差学生、怪胎、失败者还有愤青。我没有在胡说八道，事实真的是这样。”

然而，行为处事标新立异，克制自己不去随大溜是需要勇气的。在工作场所有一个悖论存在，那就是：人们想要团队精神，想要凝聚力，但又不想要员工全是千篇一律。人们希望员工们可以相互激励共同进步，又希望他们各具特色。这种矛盾心态在巨蟒剧团（Monty Python）的作品《布莱恩的一生》（*Life of Brian*）中最有名的一个桥段里得到了体现：

> 布莱恩：你们应该自己想办法，你们每个人都不一样！
> 人群：你说得对，我们每个人都不一样！
> 布莱恩：你们都有自己的个性！
> 人群：对，我们都有自己的个性！
> 人群中有一个声音：我不是这样的……
> 人群中的其他人：闭嘴！

企业招揽的员工，应该是看起来与大家格格不入，而实际上却具有卓越思维能力的人。

陷阱 10

领导能力比管理能力更重要

领导能力和管理能力哪个更重要，这个话题既无趣又无用。因为经营一家公司，管理能力和领导能力同等重要。

有时，管理者确实可怜，因为一旦事情出错，无论是否是他们的过错，他们都会受到责备，而且他们一直在冥思苦想所谓的品牌问题。在工作中，他们还要面对更冷静、更圆滑的竞争对手，此对手值得尊重，有时还会让人肃然起敬。那么问题来了：与身体健康、充满活力、令人敬仰的领导相比，墨守成规、工作琐碎、朝九晚五的管理者又算什么呢？既然你可以当领导，为什么还要做一个无趣的管理者呢？

四五十年前，人们对独裁统治、第二次世界大战（由独裁统治所导致）记忆犹新。因此，他们对领导阶层、领袖原则（*Führerprinzip*）不抱希望也是情有可原的。诚然，1961 年，肯尼迪总统举世瞩目的就职演讲，减轻了民众对领导阶层的排斥：火炬现已传递到新一代美国人手中——他们生于 20 世纪，既经受过战火的锤炼，又经历过战争过后艰难严峻岁月的考验，他们深为我们古老的遗产所自豪。但是，纵然在短暂的任期里，他的政绩无可挑剔，人们对领导阶层、领导能力的怀疑和担忧仍持续了近 20 年。

从 20 世纪 80 年代开始，领导阶层和领导能力开始重新焕发光彩。由于 80 年代初的经济衰退，坚决果断的“公司精简者”（也被称为“公司杀手”）横空出世。例如，通用电气公司的杰克・韦尔奇（Jack Welch），他抓住经济危机带来的机会，对自己的公司进行了全面的变革——大削减。在世界政治舞台上，里根和撒切尔政府也做出了类似行动，加强了强势领导作风。

强势领导认同“企业流程再造”（BPR，Business Process Reengineering），因为它强调管理公司需要坚定的手段，它的口号是“如果他们（员工）抱怨，说明你正在取得进展”。领导层重新活跃起来。

◎ “给股东增值”

与此同时，由于“强势”领导的崛起，股市开始支持那些让股价飞涨的首席执行官。CEO为了促进公司发展，开始给股东“增值”。相对于手握实权的交易者、恃强凌弱的权贵，人们对于规划公司发展方向、着眼于公司未来的商业领袖的评价并不高。1991年，汉森勋爵（Lords Hanson）和怀特勋爵（White）差点就吞并了英国帝国化学工业集团（ICI）。虽然爱好掠夺的权贵们遭到了抵制，但该公司再也无法恢复原样，最终还是延续了原先的“股东价值”理念，结果证明这是一条死胡同。［2008年，该公司被瑞典阿克苏·诺贝尔公司（Akzo Nobel）收购。］

◎ 管理不善的领导者应受到谴责

那么，管理者在公司中究竟扮演着什么角色呢？这份工作乏味、琐碎，职位也不高，跟公司的规划无关。而中层管理人员的境况则更糟糕，他们像杂草堆一样，可有可无，随时需要被清理。“精简层级”在一定程度上可以这样理解：高层领导自认无所不知，不需要管理者来实现他（通常是他本人）的“愿景”。正如加拿大学者亨利·明茨伯格所说，领导以为公司会按照他规划的那样发展，但事实并非如此。

领导者统领全局，而管理者需要从日常琐事着眼。有人说，领导的工作做得很到位，而管理者只是按照正确的方法在管理公司。就管理工作而言，领导和管理之间天差地别。当约翰·伯特（John Birt）辞去BBC（英国广播公司）总裁一职时，有人说，在他的领导下，BBC被“管理过度、领导不足”。新任总裁格雷格·戴克（Greg Dyke）手腕强硬，在领导公司方面，他确实很出色，但在管理公司方面却一塌糊涂。BBC现在面临“领导过度，管理不足”的问题，领导和管理之间的冲突愈演愈烈。

◎ 避免错误的选择

这个时候该问：“你想选择哪一个？”你愿意为一个领导力强但不会管理的老板工作，还是愿意为一个擅长管理但领导力薄弱的老板工作？这个问题只有一个合理的答案，就是“都不愿意”。我们需要能同时做到这两点的老板。比尔·克林顿（Bill Clinton）总统建议我们“不要在错误的选项之中做选择”，选择成为管理者或领导者都是错误的选择。

那些“没什么用”的中层管理者被解雇了，他们的工作又是什么？他们做的是传统但毫无意义的监督工作。监督是一项集中的管理任务，不会让员工产生危机感，仅仅是巡视员工的工作，表达自己对他们的关注而已。如今的公司机构可能更精简，但对管理人员的要求也更高。公司的问题主要在客户服务、技能开发以及生产率等基本领域，这些都让落后管理者们担心（或者应该担心），毕竟他们已经习惯无所事事了。

查尔斯·汉迪（Charles Handy）告诉我们（见附录1）最应该做的是完善管理系统，我们不能仅把员工当成零部件来看待。他说：“每个人都希望受到指引和敦促，希望能积极地参与到某件事中，总之他们渴望独立的感觉，希望自己能够做选择。然而一旦你像对待一个物件一样对待员工，命令他们只能做你让他们做的事，他们就会成为这个体系的一部分，他们会变得厌倦。很多人意识不到这一点，他们觉得自己的工作就是要让员工守规矩，严格管控他们做什么，我觉得这是不对的。管理者应该想方设法营造良好的工作环境，而不是改变他们的员工。”

◎ 我们不需要再来一个救世主

我们有时盲目地推崇孤僻却强悍的领导者形象，把他们幻想成仅凭个人品格和魅力力挽狂澜的英雄人物。各种媒体和金融市场上关于大公司的讨论无一例外都围绕着其首席执行官的个人能力而展开。这些公司个个都有十几个子公司分散于全球各地，有着数万甚至数十万员工和无数条生产线，然而舆论却把CEO们塑造成靠一己之力扭转乾坤的英雄，这完全不切实际。神话故事确实引人入胜，但不能指导人们的实际生活。

亨利·明茨伯格在这一点上看得很透彻。他说：“对领导者个人能力的盲目推崇会让企业走下坡路。”领导力的确重要，而且相当重要。但我们不能忘了一个企业就是一个团队，领导者不能失去管理者的支持。

很长时间以来我们都把领导者奉在神坛，通常情况下这是不对的。另外，我们也没有认识到管理者的重要性。我们应该修正之前的错误认知，给予领导者和管理者各自应有的尊敬，不偏袒也不歧视任何一方。只有这样企业才能走上正轨。

注：约翰·凯（John Kay）曾就英国帝国化学工业集团衰落和终究破灭的故事写过一些精彩的文章。更多细节请参考（2003）https://www.johnkay.com/2003/02/13/the-high-cost-of-icis-fall-from-grace/（2014）http：www.johnkay.com/2014/05/07/drug-companies-are-built-in-labs-not-boardrooms/.

陷阱 11

只有高薪才能雇到优秀员工

所谓的人才市场效率不高，价格不公。有些人要价太高，却能力不足。

管理界大师吉姆•柯林斯常问领导者一个令人深思的问题：你在工作中究竟扮演着什么角色？事实上，每名高薪员工都应该思考这个问题。你做这份工作的原因是什么？真的是为了每个月银行账户中转入的那一大笔钱吗？有的人确实是这样。

我们要生存，而生存的代价是昂贵的。想过舒适的生活是人之常情，但是，当这种想法在应聘过程中表现得太明显时，领导者可能会很无奈，他突然觉得，似乎只有薪资足够高，才能招到适合的员工。因此，有人认为，薪资不高是雇不到优秀员工的。

但是，这种想法是不恰当的。事实上，一旦你开始用“又大又肥的胡萝卜”（高薪）来吸引别人为你工作时，你就会发现一批“贪婪的驴”（员工）正朝你奔来。如果他们因为高薪来你这里工作，那么，当有薪资更丰厚的工作摆在他们面前时，他们便会毅然决然地跳槽。对于高薪的看法，我们真的是陷入了死胡同，且被所谓的秘诀和错误观念压得喘不过气来。

◎ 贪得无厌

曾经，对薪资比员工高很多的老板，人们并不看好。强势的银行家 J. P. 摩根（JP Morgan）宣称，他不支持向高低薪差距 20 倍以上的企业放贷，因为，他认为这样的企业还贷的可能性不高，毕竟那种情况下，老板肯定会先保全自己的利益，无法顾及企业的安危。

管理学作家彼得·德鲁克也认为薪资差距过大对公司有害无益。1984 年，他在文章中写道："我经常告诫管理者们，为了避免不满情绪、低落士气击垮公司，高管和普通员工的工资比不能高于 20 ∶ 1。"

20 世纪 90 年代末，富时 100 指数股份公司首席执行官的平均薪资是普通员工的 45 倍左右。按照以前的标准来看，这一薪资显然是过高了，但相对于 20 年后的今天，这已经不算高了。现在这一比例已经翻了三倍，达到 130 ∶ 1 左右。如今，因外包业务兴起，许多低薪工作不再列入公司的工资名单，平均薪资得以提升。

在过去的 20 年里，管理者的业绩是否提高了三倍？管理工作比以前难三倍吗？都没有。也许是企业规模扩大或者受全球化影响，但这是他们获得普通员工三倍薪资的理由吗？

再次声明，这不是他们获得高薪资的理由。正如森宝利（Sainsburys，英国第二大连锁超市公司）和苏格兰皇家银行前董事长，葛兰素史克（GlaxoSmithKline，全球最大药剂集团）现任董事长菲利普·汉普顿爵士（Philip Hampton）所言：企业规模越大，首席执行官的信誉就越低（引用 2015 年的"高薪中心"统计）。他这么说是因为基础设施完善，高级执行官、管理者每天都需做出更多更重要的决策。

CEO 都是难得的优秀人才，毫无疑问，他们值得高薪。如果你是 CEO（或想成为 CEO），你当然同意上面这种说法。我们崇拜那些英雄式的领导人，但后来人们常常发现这些人能力并非那么出众，反而非常普通（见陷阱 18）。我们似乎认为，每个顶着 CEO 头衔的人都具备非凡的能力。不管有没有作为，首席执行官们都必须获得巨额薪资，这种想法自私狂妄，助长了不合理的薪资制度，也影响了其他企业甚至整个社会（包括公共部门），危害了所有人。

◎ 向下流动的财富

人们谴责超高薪水并不是因为对上层社会的忌妒和对阶层差异的不满，而是因为超高薪水破坏了效率和公平。有些人拿的工资确实太高了。用欧莱雅公司的口号来说，有些人根本就不配（拿这么高的薪水）。兰开斯特大学管理学院（Lancaster University Management School)进行的一项历时十年的研究表明：只有极少数给领导阶层发超高薪水的公司拥有尚可的业绩，但远谈不上优秀。

高层领导的薪资越来越高，这似乎是一个不可扭转的趋势，我们不得不接受它，结果造成了更糟糕的局面，即 1%（和 0.1%）的阶层越来越富有。在某种程度上，特朗普的当选和英国脱欧反映了大众对特权阶层的愤怒和反抗（当然，在美国，首席执行官的薪资呈上升趋势）。特权阶层并没有用自己手中的财富造福中下阶层，而是让他们对财富不均充满了愤恨之情。

要是一家公司或者社会里所有人都变得贪得无厌，那么所有人都会成为受害者。我们应该关注的是高层领导者对公司做的贡献，而不是紧盯着他们的薪水。那些薪水异常丰厚的领导者到底为什么觉得自己需要在以后的职业生涯中多做回馈？是不是因为他们意识到自己一开始拿到的薪资太多了？

◎ 工作本身给人的回报

因此，最好的解决方案是，缩小员工薪资差距，给其业绩相匹配的薪水，以激励他们不断进取。不过，我们应该摒弃下面这种观点：只有利用高薪才能招揽到优秀的员工。钱不是万能的，丰厚的薪水是很难吸引、挽留和激励员工的（见陷阱 30）。最好是放弃那些非高薪不可的员工。如果你手下的员工真的热爱自己的工作，满足于合理的薪资，认为最重要的是自己的工作而不是工资，那你的公司才更有可能收获成功。

陷阱 12

年度考核有利于提高管理绩效

管理是一项持之以恒的工作，而不是一年一次的总结大会，不要等到年终才去评估员工的工作表现。

有时，年度考核被戏称为“年度报复”大会，这有一定的道理。即使有的公司更委婉地将其称为“绩效评估”，但是，它的官僚主义作风仍然十分严重，评估结果也不尽如人意，很多员工已对此失去信心。虽然，年度考核活动仍在继续，但是，它又能持续多久呢？

年度绩效评估是结构老化的公司、不合理的等级制度的遗留物，虽然此类公司目前仍市场广阔。他们认为，短短几句评语，就能衡量员工业绩，还可以激励员工在接下来的一年继续奋斗，这似乎是个不错的主意。毕竟，这就是工作的感觉。

一年以后再评价某项工作，这反映了整个公司的年度财务报告周期。当然，公司也会用年终奖或“绩效奖”来衡量员工的业绩。

但是，此类年度绩效评估也存在一些问题，老板和员工都想利用这一制度谋利。为了赢得更多奖金，员工会不择手段，以达到毫无益处甚至是有害的目标（如 2016 年富国银行丑闻）。与此同时，为了少发放奖金，老板也会想方设法去设定一些不合理的业务目标，而经理只注重绩效，更不会轻易地发放奖金。显然，难以实现的目标会影响员工的积极性，但是，不合理的奖金制度还是会设立的。

◎ 错误的目标和方法

如今工作方式发生了巨大变化，团队合作日益重要。工作项目多是短期任务而非长期的目标规划。团队可以迅速形成并进行改革，等级制度比较扁平化（如果它没有被完全剔除的话——见陷阱 7）。由于这些原因，将员工的个人贡献单独拿出来，去衡量他个人目标的实现程度，这项任务比以前更简单。

既然员工的工作方式发生改变，管理者的管理方式也必须有所变化。员工仍旧需要监督，但管理者需要时不时地敲打员工，与他们探讨工作事宜，就像刻度盘需要进行定期微调清理，而不是每年敲打一次布满灰尘的气压计一样，管理层也不能一年或者半年才评估员工的工作表现。

许多大老板已经意识到了这一点，微软（Microsoft）、埃森哲（Accenture）、德勤（Deloitte）、盖普（Gap），甚至通用电气都采用了“强制排名”系统，这个系统完全舍弃或者改革了年度员工排名程序，让员工压力山大。

工程公司奥雅纳（Arup）是这方面的榜样。以前，通过公司的绩效管理系统，员工阐述他们在未来一年的四个主要目标。问题是，公司意识到，如果将员工的目标定为四个，那他们永远实现不了第五个、第六个或更多目标。系统上的条条框框和官僚作风影响了绩效，也不能合理地管理员工。但现在，员工不需要再定下具体的目标数量。对于奥雅纳的员工们来说，只要在业务范围内，再难的项目都是可以做到的，尽管那可能是他们的极限。

◎ 人非机器

自动化正广泛应用于工作，但只要公司里还有人类员工，我们就需要采用符合人性现实的管理方式。事实上，除了人类，动物的本能也需要被认可。咨询专家查尔斯·雅各布斯（Charles Jacobs）在 2009 年出版了《重塑管理》（*Management Rewired*）一书，书中指出，人类与黑猩猩在生理上有 98% 的相似之处。我们应该明白，面对威胁和“权威”，我们可能与灵长类动物有很多相似之处。

雅各布斯写道，无论黑猩猩还是公司员工，都不喜欢被别人控制。一些墨守成规的管理方法“更适合于那些缺乏思考能力的物种”。

黑猩猩不喜欢被指责，我们人类也一样，人们很难接受别人给自己的反馈，有时也很难给别人反馈。人类以及其他动物天生就会更加关注负面消息，而忽略好消息。雅各布斯建议人们弃用年度审核制度。他说："员工应该自己给自己设定目标，自己审视自己的业绩，并且在发现问题的时候自己决定应该如何纠正。"

◎ 打破禁锢，迈向成长

卡罗尔·得维克（Carol Dweck）是斯坦福大学的一名心理学教授，她使"成长式思维"这一概念为大众所熟知。成长式思维指一种人格特点，拥有该特点的人应变能力强，愿意接受挑战，能够从失败中学习（并且不会一直沉浸在失败的阴影里）。与该人格特点相反的是"固定式思维"，拥有固定式思维的人认为自己不可能成长，自己最应该做的就是避免失败。

从这两种思维模式的角度来看，年度审核制度会强化员工的固定思维模式，严重阻碍员工进一步成长。尽管年度审核制度表面上看是为了提高员工的业绩而存在，实际上它只会束缚员工的思维，限制他们发挥自己的潜能。我们应该破除年度审核制度中的条条框框，将员工们解放出来，好让他们发挥自己的创造力，多多尝试新的可能性。

◎ 从实际出发

在人与人的交往中，我们不可能整整一年都克制自己，不吐露对另一方的真实想法，而只在年底一吐为快。那么为什么一些企业和组织要这么做呢？表面上看这能提高效率，但这其实是一种逃避。有效的管理意味着在最好的时机聚焦问题并干预解决，而不是在问题出现很久之后才给予批评建议。

像许多成熟的经济体一样，英国亟须提高自己的生产力。讽刺的是，以往的业绩管理方法根本没有起到作用。为了提高生产力，管理者们最应该做的就是抛弃年度审核制度，从零开始。我们只有通过奋斗才能真正了解自己的能力。

陷阱 13

信息共享需要被限制

放轻松，讲实话，这样就不必为谎言耿耿于怀。信息闭塞，会导致效率低下，因此，你要学会分享、倾听、向同事学习。

在战争时期，英国公民坚信言多必失，认为缄口不言才是最明智的做法。保密对国家安全至关重要。该知道某些消息的人自然会知道，而你，不需要知道那么多。

二战结束后，冷战开始，一直持续到20世纪80年代末。几十年来，政府首脑一直坚持小心谨慎、机密保密的原则，商业领域亦是如此。毕竟，掌管公司的是首席执行官，那么，他们为什么不采取政府和军方所采用的保密方式呢？知识就是力量，所以，那些垄断着公司信息的高层人员，逐渐成为人们心中的权威。如果你能迅速升迁，知识的大门就会向你敞开。雄心勃勃的年轻人，不仅有进入高层工作的机会，还能获取宝贵信息。

◎ 对帘子外的世界视而不见

因为保密，信息（无论是真实的还是臆想的）俨然成了公司内部财富，也成为公司运营的秘诀之一。正如电影《绿野仙踪》所述，在桃乐茜（Dorothy）的狗狗托托（Toto）拉下窗帘之前，主人公们与世隔绝，接受不到外界的信息。但是，当你和志同道合的人一起努力，你会发现很多美妙的事情。而其他人，仍然生活在封闭的世界里。

在现实世界，冷战结束后，就像托托打开了封闭世界之门一样，新技术带来了信息共享。互联网以全新的、有力的方式将人们紧密联系在一起，人们可以自由地浏览自己想了解的信息。由于传统等级制度逐渐瓦解（见陷阱7）、员工服从性不断减弱，员工们现在敢于要求从高层那里获取更多的信息。传统的权力关系发生了变化，许多人仍在努力适应这些新变化。

媒体行业就是一个很好的例子。那些曾经隐藏在幕后的、目中无人的记者和评论员，以前一直认为，读者应该对他们撰写并传播知识心存感激。他们本可以像从前一样，投身于印刷作品，与世隔绝，现在反而跟读者们交流探讨起自己的见解，很快读者就在电子邮件中提出了自己的问题，直接质疑他们。更令人惊讶的是，曾经高傲的记者们，会在聊天室，或其他社会媒体网站的文章下面添加自己的评论。现在，电视直播或会议直播都会有在线实时评论。信息不再是隐蔽的，几乎所有的信息都会被公之于众。任何看法和观点都可以被质疑，即便是事实也不例外。

◎ 首席执行官们

你的助理或者公司其他员工，他们都不再像战争时期的公民那样，被迫服从长官。如今他们愿意与别人分享自己的观点，但如果你想了解员工的所思所想，你就必须先将重要信息透露给他们。信息公开是至关重要的。在一些人看来，这种新的信息开放方法是“完全透明”的，这种说法很有道理。

公司信息不透明会导致工作效率低下，浪费管理者的时间，降低普通员工与高层间的信任。好的想法需经公司上下共同讨论得出，一味地隐瞒重要信息、拒绝资源共享，只会导致错误的结论。

2004年，詹姆斯·索罗维基（James Surowiecki）出版《群体的智慧》（*The Wisdom of Crowds*）一书，如果该书内容有一半是符合现实的，那么那些反对信息公开的公司正在铸下大错。普通员工经常与客户沟通、做市场调研，他们了解产品的实际销售情况、外界社会对本公司的评价，是现成的市场研究团队，你需要及时倾听他们的想法。

但是要想实现这个目标，管理者们必须让员工知道他们迫切地想听到员工的心声，即使员工带来了不好的消息也不会遭到报复，恰恰相反，管理者们还会奖励那些坦白指出公司问题的员工。对于这些对公司吹响警笛的员工，管理层应给予嘉奖，而不是惩罚。

◎ 何乐而不为？

既然信息公开的好处如此显而易见，为什么只有极少数管理者据此行事呢？有一些管理者也许是因为缺乏自信。信息公开可能与某些管理者公司的文化相冲突，或者他们在自己之前的职业生涯里从来没有以此作为原则。毕竟一家企业的信息透明度取决于高层。但是，那些限制内部信息流通的领导往往会落得和失势暴君一样的下场：暴君向自己的臣民挥手，却惊讶地发现人群中传来一片嘘声，有时甚至是起义的枪声。如果领导者忽视那些微小的信号，不久之后他们就可能会面临更大的危机。

即使一家公司没有足够开放包容的文化，管理者们依然可以采取措施提升信息透明度。管理者可以设法让会议的气氛更轻松，鼓励员工各抒己见。领导者可以在会议中倾吐自己的忧虑，询问下属的意见，多倾听，少发言。领导者应该努力让员工做出坦率的反馈，并且认真处理员工所指出的问题。

总之，好的管理一定包含普通员工和管理层的良性互动。《工业社会》（*Industrial Society*）的作者约翰·加内特（John Garnett）曾说："如果你忧他人之忧，他人也会忧你之忧。"如果你想让自己的下属相信你是关心他们的，你需要和他们进行真诚的交流。你应该有点人情味，毕竟这么做有什么害处呢？坦率的沟通会带给你意想不到的收获。

陷阱 14

女性并不在乎高层工作

男性创立的公司继续由男性管理，终究会走向倒闭，因此，我们急需更多的女性高管。

企业高管层，通常被称作“老男人俱乐部”，这一戏谑称呼颇有一定道理，因为在英国，高管成员基本上是大龄男性，且以白人为主。高层成员有限，所以，普通人很难进入。你可以去应聘，但如果你不适合（你有自知之明），就不必期望进入高层。高层只招聘适合的人，如果你不适合，那只能自认倒霉。

这种说法虽然听起来有点老套，但却是有依据的。在改变工作权力关系方面，公司的进展速度相当缓慢。其中最明显的是薪资差异，《同工同酬法》（*Equal Pay Act*）实施近 50 年后，英国女性的平均收入仍比男性低 18% 左右。

薪资的性别差异反映了权力的不平衡——男性久居高位。近年来，为了鼓励董事会提高女性董事的比例，英国政府（几乎不加掩饰地）威胁企业要实行配额制。即便如此，也只有部分企业执行，对于政府来说，这甚至是得不偿失的结果。富时 100 指数显示，在英国，董事会中女性董事的比例约为 25%，但是，绝大多数女性高管担任的是非执行职位，女性首席执行官的数量仍屈指可数。除了任职董事会，几乎没有迹象表明，未来会出现更多的女性高管。更遗憾的是，所谓的“人才通道”（商业领域最具偏见的现象——见陷阱 38）对女上司几乎不开放。

◎ 女性高管稀少的借口

关于女性高管稀少的解释层出不穷，想必你也有所耳闻。但是现在，让我们再回想一遍，然后把它们从脑海中彻底删除。

有人说，与男性相比，女性没有那么强烈的竞争欲、征服欲，登上人生巅峰也并不十分吸引她们。但大量成功女性的出现，证明了她们并非不想领导别人，只是没有机会去实现这个愿望。

有人说，女员工更喜欢管理规模较小的私企，却反感留在大企业，但这种说法是不恰当的。女强人选择（或被迫）辞职，很大程度上是因为，她们接受不了大企业的风气、管理方法。她们似乎并不奢望进入高层，所以辞职以建立更符合自己价值观的公司。

最重要的是，人们认为女性，尤其是做了母亲之后无法兼顾工作和家庭。在某种程度上，“母性本能”冲淡了她们的雄心壮志，似乎既要全身心投入工作，又要照顾家庭是不可能的（见陷阱 20），这无疑是一种荒谬的观点，人们却对此津津乐道。

当然，很少有夫妻能够共同承担家庭责任，但是这种情况正在慢慢地改变，已经有夫妻开始一起带孩子了。但我们距离一个男女平等、自由开放的企业环境还很遥远。面试官也应该以平等的心态面对应聘者，为女性员工的发展助力。当男性高管成为“职业父亲”时，便表明我们已经取得了实质性的进展。

◎ 自说自话的男性

男作家们可以心安理得地说这句话，而不会被大众指责其歧视女性或者为男性开脱。问题出在男性而不是女性身上。阿维娃·维滕贝格·考克斯（Avivah Wittenberg-Cox）著有《职场中的女性》（*How Women Mean Business*）一书，她一直以来都认为，很多（通常是善意的）干预行为，比如“女性交际圈”等运动背后都暗含着一种观念，那就是女性在职场中遭遇的困难都是她们咎由自取。这种观念认为，如果职场中的女性改变一下自己的态度，或者工作更加努力一点，很快她们的职业道路就会平坦很多。但正如阿维娃·维滕贝格·考克斯一直所说的那样，我们不需要去纠正女性！需要做出改变的是企业自身。这意味着男性员工的态度需要改变。

◎ 与权力抗衡

据传鲁伯特·默多克（Rupert Murdoch）曾说过这么一句话："垄断不是什么好事，而一旦自己成了巨头就不会这么觉得了。"这句话同样适用于企业里大权在握的男性领导者。他们手握大权太久了，根本不想拱手让人。

但是他们必须让贤了。他们应该摒弃自己的偏见，停止虚张声势。大学毕业生里女性占多数，女生成绩也比男生好，然而到了职场上，管理层中男性居多，这种情况屡见不鲜。许多能干的女性职员从职场上消失不见，而男性领导青睐和提拔男性职员，他们无法理解女性，也不会提携她们。有些男性领导会"带"女性员工，也就是告诉她们该怎么工作，但是在此过程中他们真正提供给女性员工的帮助和支持又有多少呢？显然并没有多少。男性领导一直固守成见，不愿意改变自己对女员工的看法。但是他们亟须做出改变，以便招揽到优秀的下属。

改变可以从同工同酬开始。根据麦肯锡公司的说法，一旦英国在 2025 年之前实现了男女同工同酬，英国的 GDP 将增长 1500 亿英镑。这个金额就是最好的证据。它通过最基本的论证，让那些歧视女性的"男性优越论"者无话可说。职场女性的流失以及女性领导者的缺失都严重阻碍了生产力的提高，我们不能继续坐视不管了。

男性领导者们，是时候给能干的女性们腾出地方了。

注：关于这个话题或相关话题的更好的总结，可以参考维姬·普莱斯（Vicky Pryce）的《为什么女性需要最低票数》（*Why Women Need Quotas*）。

陷阱 *15*

领导力是天生的

领导能力不是神秘莫测、遥不可及的，每个人都有成为领导的潜力。

1992 年 2 月，在接受《福布斯》杂志采访时，鲍勃·霍顿［Bob Horton，曾先后出任英国石油公司、铁道公司（Railtrack）董事长］说过一句话：“因为我头脑灵活，所以，我能比大多数人更快速地解决问题。”这句话体现了人们的传统观念：有些人天生适合当领导。然而，霍顿在石油公司好坏参半的表现，以及在铁道公司糟糕的表现，并未体现他的非凡天赋与决策能力。好在，他大方地承认了自己的自夸，“这听起来未免太自大了”。无论如何，霍顿还是有自知之明的。

有时，领导们只是在经营一家“封闭”企业，也就是说，企业内部喜好自我认同、自我庆祝。领导们登上了顶峰，便证明他们天生适合当领导，而其他人不适合，他们的成功和运气无关。事实上，这可能会误导其他员工：不要总幻想升职。领导是天生的，不是后天培养的。既然你天生不是领导，就不要总想着当领导。

但是，这简直就是无稽之谈。在不同的场合，大多数人都能适时地展现出一些领导技巧。尽管企业等级制度对员工的影响难以想象（见陷阱 7），但是有时，我们确实需要忽略职位和资历，让真正有能力的员工发挥带头作用。

◎ 指挥和控制

有时，自信、强势的老板会认为，自己拥有军事化管理方式，自己的指导方针与历史上著名将军的策略高度一致。但是，英国军队却有一个令人意想不到的秘密。他们并不认同用命令和控制的方式去领导士兵，认为这种领导方式有严重的局限性。桑赫斯特皇家军事学院（Royal Military Academy Sandhurst），是英国一家军官领导力培训学院，长期以来，该学院对领导力有着更复杂、更细致的看法。

这些看法可以追溯到第一次世界大战。那时，很多年轻军官学识渊博却缺乏实践经验，当他们告诫新兵努力作战、争取做人上人时，令他们震惊的是，并不是所有士兵都积极响应。正逢乱世，即便是军官也不一定有威信去训话或指挥士兵，使他们信服。

一百年前，持反对意见的下级军官会被残忍地枪毙。战争结束后，人们意识到，不仅年轻士兵受到了残酷的对待，长官的领导方式也出现了问题。在激战中，指挥和控制士兵不一定起效，尤其是当他们面临生命危险时，一味地告诫他们该怎么做是没有用的。

陆军元帅威廉 • 斯利姆（William Slim）是第二次世界大战期间第 14 军的领导人，他领导 14 军取得了缅甸战役的胜利，是当之无愧的军事榜样。

斯利姆说，领导力反映了领导的人格魅力。1950 年，他在美国桑德赫斯特学院（American Sandhurst）的西点军校（West Poin）发表演讲时说："如果让我来定义领导力，我认为它是人格的投射，因为它反映了真实的你，所以它跟你息息相关。领导者不需要保持神秘感，也不需要展现虚假的能力，从本质来说，只需将他们自身的品质展现给员工，除此之外，别无他法（见陷阱 1）。"

斯利姆的说法有一定道理，他曾经领导过一支多国部队，在险恶的条件下，面对强大的日军，他们并肩作战，最终取得了胜利。前总参谋长丹纳特勋爵（Dannatt）曾这样评价斯利姆："尽管他从不对士兵说教，但他自身的领导力赢得了士兵们的尊重，获得了军心。"斯利姆虽然没有他理想中的下属和军事装备，但他有一流的领导能力和出众的才智，对如何管理军队有一套自己的见解，所有这些都助他在缅甸反攻战役中取得了胜利，并且为后世做出了榜样。

◎ 人人皆可做领导

我们能从军队的管理中学到很多东西。通过训练，军队里的士兵意识到，统率全军进行作战和训练的将领可能随时阵亡，这时必须有人来接替他的位置。这个接替者可能就是你。

战场上得来的教训同样适用于职场——一个明显更加和平的场合。为什么所有好点子一定得来自管理者呢？职场中的每一位员工都应该有机会发表见解。每一个员工都能想出新的工作方法，或者对用户行为做出精准的分析，以便提升企业业绩。

因此，除了幸运地成为高层的那几个人，其他所有层级的职工都应该接受领导力训练。在某种程度上，长期生产力不高是因为管理者没有适当放权给下属，以及基层员工没有机会发展自己的技能，比如说所谓的“领导技能”（实际上只是一般的管理技能，详情可见陷阱 10）。数十年以来，英国的初高中教育一直存在这样一个问题：对那些成绩优异的学生过于关注，而对那些本来就不占优势，更有可能落后的学生，校方却没有给予足够的关照。这和普通员工缺乏领导力训练是一样的道理。

有些领导喜欢宣扬自己的传奇故事，努力让自己的英明形象深入人心。相比企业的成败，他们更关心自己在下属心目中的形象。他们宣称领导者天生即具有超凡的领导能力，普通人即使努力也望尘莫及。他们还宣称那些不具备领导能力的人应该本分一点。他们利用这一套传奇故事来向别人解释自己凭什么享受丰厚薪水（见陷阱 11）。

领导者们并非是鲜有人知的神秘部落，而只是普通人而已。每个人都具有领导的潜质，可见，领导力并非天生，而是可以经过后天培训的。

陷阱 16

新工作的前 100 天非常重要

让我们重新开始，联合起来去探索星球，治理沙漠，消除疾病，探测深海，并鼓励发展艺术和商业……让我们共同努力，建立一个新的法治世界，在那里，强者公正，弱者安全，和平在握。

凡此种种不会在最初的一百天中完成，不会在最初的一千天中完成，不会在本届政府任期中完成，甚至也不能在我们毕生期间完成。但让我们开始吧。

——约翰·F. 肯尼迪（John F. Kennedy）就职演讲，1961 年 1 月 20 日

肯尼迪总统是一位难以效仿的人物。［电视剧《白宫风云》（*The West Wing*）里，在新任总统马特·桑托斯（Matt Santos）就职演讲前夕，前总统杰德·巴特莱特（Jed Bartlet）对他说：在演讲这方面，肯尼迪坑了我们，不是吗？］当肯尼迪总统做此演讲时，他任职期间的传奇经历便已开始。同时，他也让我们想到另一位了不起的美国总统——富兰克林·罗斯福（Franklin Roosevelt），罗斯福在执政初期，也进行了为期 100 天的狂热活动。

对任何一位新任领导人来说，100 天内都要做出一番成就，这种说法似乎有点武断。当然，到了第 1000 天甚至 5000 天时，我们一定可以更好地判断该领导人的业绩，但是太迟了，那时人们对此人的看法已经定型。所有新任领导人，尤其是那些备受瞩目的领导人，不管他们喜欢与否，人们都要根据他们前 100 天的表现，对他们的工作做出评价。

◎ 自问你能为同事做些什么

因为没有做好充分准备，某些老板在上任初期，可能会遇到一些问题。猎头公司和领导力咨询公司光辉国际（Korn Ferry）的史蒂夫·纽霍尔（Steve Newhall），在与作者聊天时谈到，进入职业生涯新阶段时，很多领导者会准备不足。他说："当你空降到某个部门时，你必须迅速找到说话最有分量的员工，并了解你与主要利益相关者的关系。但如果你是公司内部调任，你将面临另一项艰巨的挑战，那就是，如何处理自己与前任的关系。"

◎ 快速制胜

员工的晋升过程很复杂，迈克尔·沃特金斯（Michael Watkins）是这方面的权威，他著有《创始人：新管理者如何度过第一个 90 天》（*The First 90 Days*：*proven strategies for getting up to speed and smarter*，2003）一书。在 2014 年接受女性金融理财网站 LearnVest 的采访时，他解释了自己对员工晋升的一些想法，以及为什么通常人们过于关注工作技能，而忽视了职场政治、第一印象的重要性。沃特金斯说："在工作交接初期，你的工作表现才是最重要的。由于你的同事和老板对你了解有限，他们对你的看法较主观，且一旦形成很难改变。所以，要尽你所能塑造良好的第一印象。"

◎ 如何成为大老板

职位晋升需要大量时间做准备，而你可能能力欠缺。但是如果你的晋升凭的是实力而不是运气，那么作为领导者，你应该采取哪些切实可行的措施来做好准备工作呢？

几年前，托马斯·内夫（Thomas Neff）和詹姆斯·西特林（James Citrin）负责为斯宾塞斯·图尔特公司（Spencer Stuart）网罗人才，他们在新书《你说了算——现在怎么办？》（*You' re in Charge–Now What*？）中发表了对此事的看法。他们认为，要在工作交接的前一百天有所建树，就必须进行细致的准备工作。这意味着在前几周内，要对你的新工作做一些系统的研究。

他们建议："寻找最擅长观察的人，例如员工、校友、客户、供应商和分析师，去咨询他们的意见。不要觉得带着制定好的战略走进新职位是被迫的、不得已而为之的：凡事预则立，不预则废，做不好工作，你也不会得到支持。”你确实需要提前做好准备，因为一旦你在其位，工作项目和新的责任就会接踵而至，如果准备不充分，你可能没有时间快速而清晰地做决定。

要想在新职位上有所成就，100 天的时间并不充裕。内夫和西特林大胆假设：“如果一位新领导人一周工作 6 天，每天工作 14 个小时，那么在头 100 天里，总共只有 1200 个小时可用。”新领导人需要花尽可能多的时间来吸收学习新知识、倾听意见、建立关系和做决定，一个小时也不能浪费。

◎ 是否该继续？

新任领导人还面临一个选择：是马上推行改革，还是先倾听别人的意见，学习新知识，然后再采取行动？形势会影响新任领导人的策略。如果公司正处于危机之中，那么领导人就有理由采取大刀阔斧的措施。刚开始的几周也许是这么做的最佳时机，其他员工和投资人也这么认为。

但是，如果企业没有面临任何危机，高管和其他员工就不会认为大力改革是有必要的，毕竟企业运转良好。如果这些改革的发起者是新领导，对企业形势分析不足，他们就更不会认同大力改革了。

然而市场变幻莫测，企业领导人果断做出决策似乎是情势所需。同样的道理，季度盈余指导似乎也是有必要的。许多新任领导人就处在这样的市场环境里，他们永远都要为了能在下一次季度指导呈现出好业绩奋战 100 天。

综上所述，进入新岗位的前 100 天很重要。但这 100 天并不是决定性的。新任领导者最好先分析一下形势，学习新知识，倾听意见，然后再采取行动。即使领导人在这 100 天犯了错误，情况也并非不可挽回。而且利益相关方会一直提醒你。你需要全面分析，权衡利弊，然后才能做出决定。准备工作可能要耗费三个多月。

另外，永远要记住艾伦・金斯伯格（Allen Ginsberg）的话：“对于工作中的失误，最明智的做法永远都是亡羊补牢，为时不晚。”

◎ 稳步前行

“你不可能做好万全的准备，没有一种职业能把你锻炼成合格的首席执行官。”陶氏化学公司（Dow Chemical）的首席执行官安德鲁·利韦里斯（Andrew Liveris）在接受金融时报采访时曾这样说。一旦你成为首席执行官，你就会面临前所未有的监督。你的同事不会像以前那样跟你交谈，你的敌人会向你示好，你会赫然发现自己拥有了一票“好朋友”和“崇拜者”。以前你讲的笑话可能得不到什么回应，现在呢，你随便讲一个就能引来一阵发自肺腑的大笑。

所有这些都可能让新任领导者上当，促使他们过早推行改革。因此，我们不应该忘记，古巴猪湾事变发生在肯尼迪总统任满 100 天之际。

注：这一节由斯特凡·斯特恩对《金融时报》2007 年 7 月 3 日刊登的一篇文章改编而来，文章名为“前 100 天：行动与观望的时机”（*First 100 days: a time to act and a time to wait and see*）。

陷阱 17

你必须掌控公司所有的事情

只有暴君才是控制狂。既然公司的一切不可能都在你的掌控之中，那么，你需要学会放权。

如果一家大型金融机构的首席执行官向全体员工发送一封电子邮件，邮件主题为“流氓饼干”（Rogue biscuits），谴责餐饮部门给高管提供“粉色威化饼干”，那么，这家公司内部一定出现了重大问题。苏格兰皇家银行的前首席执行官弗雷德·古德温，是这个故事的主人公，故事的真实性并不是本文讨论的重点。［2011 年，保守党议员马修·汉考克（Matthew Hancock）和纳德姆·扎哈维（Nadhim Zahawi）将此事写于《无为大师：如果不是深刻理解人性，怎么会出现如此危机》（*Masters of Nothing*：*The crash and how it will happen again unless we understand human nature*）一书中，至今无人质疑此故事的真实性］本文的重点是，在弗雷德爵士（当时他还是爵士）领导下，苏格兰皇家银行所创的传奇表明，微观管理也曾风行一时。公司晨会被戏称为“碾压大会”，在会上，老板会全方位拷问高管，这表明，领导人一手遮天，这样的企业文化有害无益。虽然这只是一个极端的例子，但是，却是一个警告。

虽然一些管理者意识到，很多事情是无法独自完成的，但他们本能地想要控制公司一切事宜，几乎不信任任何员工，不允许下属同事参与决策。管理者应该设定高标准、高要求，但是如果权责不明，就会麻烦重重。正如球场上的体育教练，他无法独自完成传球或击球，管理者也无法独自处理手头上的所有事情。

◎ 消息灵通

和股票市场一样，管理者也不希望公司发生意外。那么，信息就不应该像国家机密一样保密，但是同时，我们必须有效地管理信息，不能总让垃圾信息骚扰员工。第二次世界大战期间，喷火战斗机的控制面板上有许多刻度盘和其他仪器，毫无疑问，所有仪器都有特定的用途。但是，在战争的白热化时期，除了最重要的刻度盘，人们根本没有时间去研究其他仪器。

称职的管理者会明示他们需要了解的信息内容和时间，但不会要求知晓详细信息。信息透明公开会对管理者的工作大有裨益：可以节省员工的时间、无须担心哪些信息被泄露、确保信息需要保密，这样会提高工作效率。在对外开放和信息共享的企业，很少组织会议、开展正式的信息交流，因为员工知道他们应该做什么、如何去做。

◎ 找出告密者，但是不要责罚他

鼓励信息自由流动，也是为了防止丑闻或灾难的上演。安东尼·菲茨西蒙斯（Anthony Fitzsimmons）和德里克·阿特金斯（Derek Atkins），在他们的书《重新思考声誉风险：如何应对可能毁掉你的企业、声誉和你自己的风险》（*Rethinking Reputational Risk*：*How to manage the risks that can ruin your business*, *your reputation and you*, 2017）中写道："良好的沟通是危机的探测器，可以防止危机发生。"

2016 年，巴克莱银行的首席执行官杰斯·斯特利（Jes Staley）曾两次试图让内部安保人员找出一名匿名举报者，此人曾通过一个本应安全的通信渠道与董事会联系。这段令人沮丧的插曲表明，对于信息流动的作用（尤其是在金融业），人们所知甚少。

这份起诉书包含了两封信，涉及该行一位新任高管，他是斯特利在美国的前同事。当斯特利第二次试图找出告密者时，还雇用了美国的一家法律机构。但就在 2016 年，该行的迈克·阿什利（Mike Ashley）（不是体育用品零售商）被任命为董事级别的"告密声援者"，他在年报中签署了以下声明：

> 作为冠军，我具体负责巴克莱的检举政策和程序的完整性、独立性和有效性，包括保护告密者免受侵害。2016 年，我给全体员工录制了一段视频信息，阐明了我对告密者的拥护，提高了人们对我们现有政策和程序的认识。

巴克莱银行不暴露举报者的身份，对吧？然而，斯特利觉得对新同事的指控是不公正的。他给银行全体员工发了一份邮件，解释道：

> 由于我很想保护这位被举报的同事，以至于过多地卷入这起事端。这位同事受到的指控是不公正的，我原本打算找出举报人，阻止他继续骚扰这位同事。然而我渐渐意识到，一开始我就应该把这件事交给专门的部门去处理，现在他们确实也在着手解决。这是我的失误，我深感抱歉。

被聘来调查该事件的顾问公司西蒙斯律师事务所（Simmons and Simmons）表示，斯特利是真的想要解决这件事，然而用错了方法。西蒙斯对这件事的处理展示了一个专业的服务公司会巧妙地赚得酬劳，同时又不会驳了客户的面子。

重要的是，在 2007 年—2008 年的经济危机之后，银行的高层们应该担心的是，举报者们愿意去揭发银行内部的不法行为，完全不担心自己的职业生涯受到影响。举报者的身份应该保密。但是，一旦首席执行官自己发动员工去找出举报者，这就发出了一个危险的信号。首席执行官通过此举警告所有员工：“如果你识相，你就该把嘴闭上。”银行员工不应该因为这种事担惊受怕，其他领域的员工也一样。

◎ 放权给下属

生命短暂，管理者的任期也很短暂，所以你不可能事无巨细地掌握企业的所有信息。管理者必须放权给下属，信任自己的同事。一旦你放权给下属，就会惊喜地发现他们能够完成得很好。无论何时，我们只有先信任他人，他们才会以同样的真诚和努力回报你。

只有那些无能之辈才会成为控制狂。

注：这里有一篇关于巴克莱银行举报事件的报道，详情请看：https://www. theguardian.com/business/live/2017/apr/10/barclays-boss-investigated-over- attempts-to-unmask-whistleblower-live.

陷阱 *18*

你可以独自力挽狂澜

我们醉心于领袖的传奇：认为领导者都是才华横溢、孤身奋战的英雄。实则不然，没有团队，就没有领导力。

戴夫·刘易斯（Dave Lewis）能拯救乐购吗？鲍勃·达德利（Bob Dudley）能重新运作英国石油公司吗？面对记者和金融分析师提出的此类问题，标题编辑会直接将他作为新闻头条。但是，这些问题真的很荒谬，我们不应该再问类似问题了。

在一个拥有数万员工，甚至数十万员工的国际企业里，真正工作的是谁，公司的成就又该归功于谁？过分关注某位领导，就忽视了这样一个事实：总经理、高管、部门主管，他们都要向更高级别的董事会汇报工作。无论如何，首席执行官不应独自做出重大决策。良好的公司治理需要相互制衡，尤其是董事会。

那么，我们为什么还会天真地认为：一个人便可掌控一家大公司的命运。在某种程度上，我们的观念都受到了托马斯·卡莱尔（Thomas Carlyle）的影响。作为19世纪一位著名作家，他有一句名言："世界历史不过是伟人的传记。"一些电影和历史畅销书倾向于赞扬某位英雄领袖，而不是某次运动、某个地缘政治趋势或默默无闻的人民群众，这是因为，把成功归结到一个人身上更容易，也更有吸引力。

德国剧作家贝托尔特·布莱希特（Bertolt Brecht）在他的诗作《一个工人

读历史的疑问》（*Fragen eines lesendes Arbeiters*）中，开玩笑似的澄清了事实的真相。在诗中，一位无辜的读者被史书所撰写的名人逸事打动，促使他去质疑：亚历山大大帝是否真的独自征服了印度；恺撒在打败高卢人时，是否真的连厨师都没有。他意识到，每一位伟大领袖背后，都有许多不为人知的故事和默默无闻的支持者。

◎ 今日赛事

媒体发布的新闻大多是关于人物经历的，这跟记者们受到的培训有关。正如著名编辑哈里·埃文斯爵士（Sir Harry Evans）所说："新闻就是人类故事的集合。"在体育界，人文新闻与日俱增。以体育频道的足球比赛为例，当球场上有突发状况时，会有一个固定镜头对准教练的脸，试图捕捉他的情绪或反应。但是教练既没有铲球，也没有进球，这都是球员们的工作，球赛也是在球场上进行的。然而在公众的眼中，教练的行为才是最重要的。何塞·穆里尼奥（José Mourinho）一个人就能拯救曼联吗？肯定不能，只有全体球员团结协作才能实现这个目标。但如果夸大了球队教练的重要性，认为他一个人就能撑起一支二三十人的球队，那么是不是就能认为，一位首席执行官就能"扭转"一家拥有数万名员工的企业的命运，这种想法极其误导人。

◎ 要有团队精神

和足球队一样，领导团队只有团结协作，才会提升领导力。根据领导力的定义，如果没有支持者，你就不能成为领导者。更深层次的原因是，在支持者决定与你共事、跟你进行工作方面的交流之前，领导团队中是不存在领导力的。

正如伦敦卡斯商学院教授劳拉·爱普生所说，"至少两个人的团队才会有领导力"（见附录 5），一些商界领导也倾向于这种说法。沃尔玛前首席执行官李·斯科特（Lee Scott）在接受英国《金融时报》（Birchall，2008）采访时说："我是公司的首席执行官，但并不负责公司的具体事宜。如果一个员工每天早晨都需要我告诉他应该做什么，那他并不是一个称职的员工。"

在商业领域有两类首席执行官：一种首席执行官一味强调自己多么辛苦，

对其他同事所做的贡献却轻描淡写；另一种首席执行官则经常夸赞自己的同事有多么能干。显然后一种首席执行官更值得员工追随。

管理者不是孤独的，或者说他们不应该是孤独的（见陷阱 5）。管理者应该让同事了解自己的疑虑。如果他觉得自己不能完全信任身边的同事，他应该把自己的这种不信任感倾吐出来。“独行侠”管理者们也许觉得，他们必须隐藏自己的真实想法，但这是不对的。任何人都需要别人的支持，在工作中需要信任的顾问给自己意见，对长期生活在高压之下的管理者们来说尤是如此。如果你无法信任身边的同事，也许你应该重新组建一个团队了。无论是在企业内部还是外部，一个优秀的管理者不会觉得受到孤立，而会主动营造良好的人际关系。

◎ “革新式”领导

我们过度关注首席执行官们的个人能力，以至于忽视了其他重要的问题，最终让我们偏离了正轨。这在某种程度上解释了为什么人们一听到“革新式领导”就毫无抵抗力（见陷阱 24）。真正的改变既需要时间，也需要许多人的共同努力。如果一个领导一上任就跟所有员工宣布，只要有他（这样做的通常是男领导）在，该公司很快就会经历一场革新。

有些记者和分析人士顽固地认为一家公司的运营完全是领导一个人的事，领导凭一己之力就能翻云覆雨。他们抱持这种观点我们也无可奈何。但是我们必须认识到，在聚光灯照不到的地方，在那些被大多数人忽视的地方（不过优秀的首席执行官们是不会忽视的），除了首席执行官之外的其他员工也在做重要的工作。领导者们应该跟同事通力合作，而普通员工则要努力做好本职工作，助你的领导变得更优秀。

陷阱 19

拥有绝佳战略的老板才会获胜

管理就是把工作做好，因此，你需要明确的目标，但不要拘泥于这些远大目标。

战略是个鼓舞人心的好词，不是吗？“Strategy”（战略）这个词源于希腊语，指的是一位军队里的将军，这个词包含着“大”和“重要”两方面内容。传统意义上，战略指的是高层的规划，或者是将军的部署。当你说出“战略”（s-t-r-a-t-e-g-y）这两个字时，你就会浑身充满力量。

在嘲讽战略狂热崇拜方面，经济学家约翰·凯（John Kay）是早期代表人物之一。他指出，战略实际上是“昂贵”的代名词。所以，“这是一次战略性收购”，意味着“收购本项目代价极高”，而“我们是战略顾问”，意味着“我们收费不菲”。

实际上，企业战略是由精英管理咨询公司提出的，或者说至少是由他们推广的。20 世纪 60 年代以前，很少有企业领导会谈论战略，因为他们有商业规划，自己决定资本分配。但是，麦肯锡和波士顿咨询集团（Boston Consulting Group）等公司却将商业规划提升为“战略”——一种令人望而生畏的说法。正如约翰·凯所暗示那样，“战略”一词让人感到神秘，这样便可收取高昂费用。

◎ 战略的真正含义

有人打着“战略”的幌子，讲了许多空话和含义不明的话语。但正如理查德·鲁梅尔特（Richard Rumelt）在《好战略、坏战略：区别及其重要性》（*Good Strategy*，*Bad Strategy*：*The difference and why it matters*，2011）一书中所述，你首先必须明确自己的真正目标。

他写道：“战略不是简单地重申显而易见的事实，也不是大量流行词语的堆积。相反，它是指解决已有问题的连贯计划。”

鲁梅尔特还有一些其他发现：

- 明智的战略非常稀少。很多企业声称自己有战略，其实根本没有，相反它们只有一组业绩目标，甚至可能只有模糊的愿景。
- 如果公司管理理念不当，领导者面对艰难抉择有逃避心理，或领导者无法准确定义挑战性质，那么，公司制定的战略必定十分糟糕。
- 公司越是资源匮乏、基础薄弱，就越依赖于灵活明智的管理战略和措施。
- 公司不是总能快速应对商业竞争，顾客也不一定每次都能发现产品的价值。管理者只有制定明智的战略，才能准确预测公司前景，利用行情，壮大公司。
- 任何公司都控制不了技术、法律、成本和顾客需求的变化，但它们可以利用这些变化。（换句话说，运气真的很重要。）

2013年，罗杰·马丁（Roger Martin）和拉格·雷富礼（AG Lafley）出版了《为胜利而战》（*Playing to Win*）一书，正如他们在书中所指，只有制定明智的策略，才能做出正确的决策。你必须选择正面竞争、适时合作抑或坐壁观望的最佳时机。

多年来，蒙特利尔麦吉尔大学（McGill University）的教授亨利·明茨伯格（见附录3），也对空谈战略持怀疑态度。在《战略规划的兴衰》（*The Rise and Fall of Strategic Planning*，1994）一书中，他驳斥了一些公司的陈词滥调：

即使战略是可行的，管理者也不愿意去实施，反而总是夸夸其谈。

在后来的作品《战略反噬》（*Strategy Bites Back*，与乔·兰佩尔和布鲁斯·阿斯特兰德合著，2004）中，明茨伯格批评一些公司的战略是“标准的、通用的、没有启发性的”。他写道：“战略不仅要有所针对，还要能激励员工。因此，只有鼓舞人心的战略才能称得上是战略。”

◎ 坎贝尔的规则

令人惊讶的是，在企业战略方面，阿拉斯泰尔·坎贝尔（Alastair Campbell）或许是个中翘楚，他曾担任托尼·布莱尔（Tony Blair，1997—2007 担任英国首相，2016 年重返英国政坛）的公关总监。在过去几年里，凭借中规中矩的战略方针，新工党成功地赢得选举。

坎贝尔（2012）提出了实施战略需要遵守的 9 条规则：

1.OST 是第一规则：先定目标（objective）、再定战略（strategy）、最后实施战术（tactics）。如果顺序不对，公司就会陷入困境。

2. 一定要将战略落实，不能空谈。

3. 制定战略后，要进行讨论，而不是避而不谈。

4. 战略是关于整个团队的，只有获得全体员工的支持（不管是会议室中的管理层，还是前台的低级员工），公司才能发展得蒸蒸日上。

5. 最明智的策略可以以单词、短语、段落、页面、演讲和书籍的形式记录下来。

6. 明智的策略是建立在透彻的分析、理解基础上的。

7. 一个好战略一定能够指导行动，而不能空有理论。

8. 沟通只是达成目的的手段。我们要考虑如何实现企业目标，而不是沟通目标。

9. 好的战略一定是一致的，但可以适当变通。

◎ 战略只是手段

那么，是不是我们只要找到了完美的战略就万事大吉了呢？答案是否定的。坎贝尔有一句话说对了：一个好的战略一定能够指导行动，而不能空有理论。事实上，最重要的不是战略本身，而是对战略的实施。（彼得·德鲁克曾说：“即使是那些好点子，早晚也注定会演变成琐碎的工作。”）

把一个一般的战略落实好，这要好过把一个好战略搞砸。而且，“战略”一词有时会给人一种过于宏大的感觉，让人压力重重，我们最好不要在处理日常的烦琐工作时总是讨论到“战略”层面上去。正如西南航空公司（Southwest Airlines）的创始人赫伯·凯勒尔（Herb Kelleher）所说：“人们往往高估战略，低估具体的工作。想知道我们公司的战略吗？那就是踏踏实实做事。”

◎ 本末倒置

坎贝尔还提出了另外关键的一点：战略是关乎整个团队的，需要来自公司上下所有员工的支持。因此，要想制定出好战略，全体员工都要参与其中。在希腊语中，“战略”一词的意思是与企业上层紧密联系在一起的，我们都被这个意思误导了。如果一个战略仅仅由企业的上层制定，再传达给下层，不留存一点变动和更新的空间，下层与这个战略就是完全脱节的。这相当于企业上层给下层下达了指示，并不需要他们提供反馈，这样是行不通的。下层员工是战略的执行者，他们需要发自内心地信服一个战略，然后才能更好地工作，而上面说的这种模式是达不到这种效果的。

战略是个严肃又沉重的话题，不过我们可以不必过于纠结在战略上面。这个世界每天都在变，我们要适应改变。企业战略也应该不断地升级迭代。总之，你做了什么以及如何做才是最重要的，战略的名称并没有那么重要。

陷阱 20

高层人员不可能灵活工作

每周工作 100 小时是不正常的，也不应该以此为目标。灵活的工作制度，才能让更多的员工尽心尽力工作。

新任老板经常被告知：要发挥带头作用，树立一个榜样；要早到晚退，并明确表示希望你的员工也这么做，以此让公司保持快节奏的工作状态。

有时候，你确实需要长时间工作。但我们讨论过，长时间工作并不能保证效率（见陷阱 3）。即使你已经疲惫不堪，仍继续工作，寄希望于机械性工作会带来奇迹，事实上，这样只会适得其反，已经到了下班回家的时间了。

“长时间工作才能提升业绩，提前下班将一事无成”，这是一种根深蒂固的偏见，需要很长时间才能消除，也可能永远不会消除。无论出于什么原因，员工为提前离开而致歉时，仍会感到内疚和尴尬。你快走到门口时，可能还会听到“上了半天班”或“谢谢你顺道来公司”之类的玩笑话。

办公室不是监狱，至少不应该是监狱。然而，许多人似乎不愿意，或觉得不应该在办公时间内处理和工作无关的事情。2016 年，“职场妈妈”网站的一项调查显示，因为无法协调工作时间（家庭责任是原因之一），18%的女性被迫辞职。2015 年，商业咨询纪念日（Red Letter Days for Business consultancy）发起了一项调查，题为“工作缺乏灵活性正在扼杀英国的生产力”（*Lack of flexibility is killing UK productivity*），涉及 2000 名英国员工，结果显示，和那些参与度不高的员工相比，高度参与调查的员工更懂得协调工作时间，也经常在家工作。

领导者应该树立灵活工作的榜样。幸运的是，此类领导者比想象中多得多。

◎ 高管也应该灵活安排工作时间

2017 年，《今日管理》（*Management Today*）杂志发布了高管兼职者主题报道，以 50 名高管的工作时间为例，有力地证明了：高管没有必要一周工作 100 小时（Saunders，2017）。从这其中随便选择一个人都可以有力地说明这一点。

英国富时 100 指数股份电器零售商、迪克森汽车无线电话集团企业发展部主管利兹·布朗（Liz Brown）就是其中之一。尽管她设定了一个目标：使公司“股东价值”（股价）上涨 10 亿英镑，但她每周仅工作四天。

保乐力加（Pernod Ricard）是全球第二大饮料企业，作为该公司高管团队的一员，法律顾问英格丽德·科普（Ingrid Cope）每周只工作三天半。

瑞银资产管理公司（UBS Asset Management）基础设施团队执行董事阿帕德·塞赫（Arpad Cseh），为各国客户提供金融建议，负责两股价值超过 20 亿美元的基础设施基金。他一星期只工作两天半，在空闲时间投身于适应气候变化的运动之中。

高盛（Goldman Sachs）科技部门的高级项目经理凯蒂·加勒特（Katie Garrett），一星期只工作四天。2014 年，她被任命为高级工程师，相当于副总裁，是公司技术部门最有影响力的高管。

道恩·希思（Dawn Heath），是英国富而德律师事务所（Freshfields Bruckhaus Deringer，魔术圈律师事务所）合伙人。她一周工作四天，而且其中一天在家中办公。她是富而德律师事务所第一位英国律师，也是全球第二位以兼职形式任职于该事务所的律师。

另外，“远离城市”（Escape the City）是一个拥有 25 万名会员的“全球社区”，其联合创始人罗布·辛明顿（Rob Symington）每周仅工作两天，却实现了 100 万英镑的年营业额。该公司的业务是建议专业人士从事新的职业，或调整他们目前的工作方式。

《今日管理》分析了一些员工的工作特点，包括持股的高管、高级公务员、慈善机构主管和只工作三天的人力资源主管，再次证明了高管不必太局限于工作时间、要灵活，这也有利于他们的工作，例如“两个周一”效应，要求两个或多个员工轮流做一个员工的工作，那么他们的工作就有了良好的开端。

◎ 无人是不可或缺的

格里·鲁滨孙爵士（Sir Gerry Robinson）是格拉纳达传媒休闲企业的前任总裁，他曾说他一年只需要做大约 12 个决策，只要这些决策里有 9 个或 10 个是明智的，公司的运营就不成问题。他经常把工作交给下属，让他们管理公司，但是如果他对下属的工作成果不满意，就会立刻告诉他们。格里爵士还说，CEO 完全可以在周五午饭前做完所有工作，然后在周五下午优哉游哉地打高尔夫球（他说到最后一点的时候可能是在开玩笑）。

但是，在其漫长又成功的事业道路上，格里爵士所投入的时间并没有人们以为的那么长，实际上，自己的全部身心奉献给公司是愚蠢的。他说，与其在办公室里疲惫地工作 12 个小时，他更愿意只用 8 小时来高效工作。他的目标是下午六点之前就下班，然后回家与家人团聚。既然格里爵士可以做到，其他人也可以。实际上，有了智能手机和笔记本电脑，你随时可以回家去处理工作，而这在 20 年前还是不可想象的。

要求企业领导和普通员工加班是不合理的。如果领导坚持让员工加班，这家公司很有可能正处于业绩低迷期，领导自己也信心不足（见陷阱 39 中雅虎公司 CEO 玛丽莎·梅耶尔的故事）。

这一管理陷阱对企业的危害极大，同时也是极不容易破除的一个。企业领导们需要解除自己的束缚。他们可以允许自己，以及其他同事采取更加灵活的工作方式。有证据表明，这样做不仅能够提升公司业绩，还能提升员工幸福感。如果领导们真心想为女职员打造一条职业上升通道，灵活的工作方式就更为必要，毕竟女职员比男职员担负着更重的家庭负担，这种负担既可能来自子女也可能来自长辈。

但是，领导者必须以身作则。领导者不应该指望其他同事比自己工作得还辛苦，而应该在全公司推行一种灵活的工作方式。只有这样，企业才会向着好的方向发展。

陷阱 21

薪资必须保密

公司开放性越强，越利于管理。薪资透明制或许难以实施，但它优点颇多。

很久以前有一部卡通片，片中有一个角色对他的老板说："我知道您今年不会给我们加薪，但是，您可以给詹金斯（Jenkins）那个浑蛋减薪吗？"

即使我们知道不该和别人攀比薪资，但是我们却一直在作比较。员工想了解自己和同事的薪资差距，这是很正常的。但是，许多老板不以为然，他们认为攀比薪资会破坏员工关系。因此，他们坚持薪资应尽可能保密。

然而，斯堪的纳维亚半岛的公司做法则截然不同。在这里，薪资透明制已有几百年的历史，公众可以查阅所有的纳税申报单。不过，挪威最近进行的一项改革，略微降低了人们的查询欲望，因为你会发现有人一直在查询你的详细资料。

◎ 信息公开

这似乎永远不可能发生在英国或美国，但现在下结论为时尚早。新立法要求企业公开性别薪酬差距，迫使它们进一步公开薪资信息。在英国，虽然自1970年起，《同工同酬法》便已实施，但实现薪酬平等仍有很长的路要走。

但是，如何做到完全透明，全面公开每个员工的薪资呢？这不会引起不必要的冲突吗？全食超市（Whole Foods）集团创始人、首席执行官约翰·麦基

（John Mackey）并不担心这个问题。在 30 多年前，也就是公司成立 6 年后，他就在公司里全面实施了薪资透明制。出于对公司运作的考量，麦基认为，尽最大可能地公开数据，例如企业在不同店铺、地区的销售额，以便员工们更好地了解企业的经营状况，从而知道自己下一步该如何做。

麦基说过："总有员工对自己的薪资感到不满，向我提出质疑：为什么他的薪资跟地区总裁差距那么大？（Fishman，1996）"我不得不说："因为那个人比你能干。"如果你跟他同样能干，我也会付给你高薪资的。

◎ 薪资透明化

的确，从原来的薪资保密制度转变成透明制度也许不会那么容易。在此过程中，领导者可能会面临意想不到的挑战。阿德里安·弗恩姆（Adrian Furnham）是伦敦大学学院（University College）的一名心理学教授，他曾写道："秘密是阴谋的前兆，但是坦诚会激怒他人……最关键的问题是人们互相比较各自的薪资以及工资的计算方式。如果有人发现另一个人明明能力不如他，却拿着比他高的薪资，这会让他格外愤怒。如此说来，我们应该对薪资保密，因为这比薪资透明化更易管理。"

实行薪资保密制度从短期看确实利于管理。但是，这种制度同样有它的弊端。首先，这让管理者的行政过程变得更烦琐，大大浪费了他们的时间。其次，这样还会导致小团体出现，这个团体里的人掌握着大量信息，团体外的人则信息匮乏，这不利于公司团结。如果薪资能够透明化，员工就不用保守很多秘密，公司上下更有可能团结一心。

所以，我们应该让信息透明化，只有这样全体员工才能戮力同心，引领公司走向成功。

陷阱 22

在管理中，心理学没有存在的必要

人类是复杂的，所以我们必须借助心理学，来研究人类的行为方式及其原因。

处理事情时要镇静自若，对自己的言行举止负责。事实证明，英国传统的保守观念、控制观念经久不衰，也有可取之处。在极端压力下，有些人仍能保持从容不迫，这样的人的确令人钦佩。同样，老板不应喜怒无常，总在办公室里发脾气。

20 世纪初，对战争心有余悸的士兵不愿上战场，却被误认为懦弱而被枪毙。军方、商界领袖花了几十年的时间才认识到，和身体一样，精神也会疲惫不堪。二战结束不久后，罗菲公园研究所（Roffey Park Institute）在苏塞克斯郡霍舍姆（Horsham）成立，最初该研究所是一个康复中心，帮助高度紧张、焦虑和精神疲惫的人做恢复治疗，让他们能重返工作岗位。

直到最近，在工作场合，心理学仍是个禁忌。像弗洛伊德博士（Dr Freud）一样，热情洋溢的欧洲人，喜欢喋喋不休地谈论着心灵的神秘与黑暗。但是，英国人不会这样做，他们坚信这种问题只会存在于其他国家。在英国，人们往往对这一问题保持沉默，或者忽视想要讨论这一问题的人。他们认为这不是心理学，这只是心理呓语，是一种自制力差、懦弱的表现，体面人不应该关注这些。老派管理者不希望他们的员工在工作场合讨论名人隐私，在他们看来，有些话题还是不要讨论的好。

◎ 心理学利于管理

但是，心理学家了解员工的思想行为，有助于公司管理。他们进行实验，观察人们的反应，研究人类行为，了解人类处事方式及其原因。有时，他们还可以预测人们如何应对不同类型的事件或情况。管理者应该意识到，这些都有利于管理。

下面我们来看一下管理界三个有力的例证。

亚伯拉罕·马斯洛（Abraham Maslow）介绍了人类的“需求层次理论”：第一层是对于基本的食物和住所需求，第二层是对于安全感、爱、归属感、被尊重的需求，第三层是对于“实现自我价值”的需求。管理者应该懂得，如果不能满足优秀员工的基本需要，不允许员工自由地表达观点，他们就不太可能在工作中表现出色，发挥他们的潜力。

弗雷德里克·赫茨伯格（Frederick Herzberg）认为工作的动力应该是发自内心的，而不是被强行操纵的。他在《哈佛商业评论》（*Harvard Business Review*）上发表了一篇著名的文章（赫茨伯格，1968），文章中写道：“如果我踢狗一脚，它就会向前走一步。当我想让它再走一步的时候，就必须得再踢它一脚。”赫茨伯格认为，“踢着走”的管理方式产生的是行动，而不是动力。如果工作环境恶劣，薪资水平差距大，或者员工待遇差，员工就会失去动力。只有在工作中获得成就感、认同感，看到良好的工作前景，员工才能产生内在动力。如果你想让他们把工作做好，那就提供给他们一份好工作，满足他们的需求。

马丁·塞利格曼（Martin Seligman）首先解释了“习得性无助”（因为重复的失败或惩罚而造成的听任摆布的行为）是如何折磨抑郁症患者的。人们会陷入绝望和消极情绪中，看不到出路。值得庆幸的是，之后他提出并完善了“积极心理学”学说，并且努力普及“工作中的幸福感”这一概念。通过培养各种性格优势，比如提升勇气、戒掉酒精等，员工可以减轻工作带给自己的压力。

心理学家帮助企业员工的案例还有很多。这不是只有心理学界人士才懂的术语，而是对每个员工都有好处的知识。

◎ 将心理学引入职场

管理者（以及大众）终于开始对心理学感兴趣了。现在心理学已经成为热门话题。一些作家和学者给大众普及了许多心理学理论和研究，其中包括马尔科姆·格拉德威尔（Malcolm Gladwell）、丹尼尔·平克（Daniel Pink）、丹·艾瑞里（Dan Ariely）、希思兄弟丹·希思（Dan Heath）和奇普·希思（Chip Heath）。在让人们认识到压力和过度工作的伤害方面，英国的卡里·库珀（Cary Cooper）也做出了杰出贡献（见陷阱 3），他也是本书的作者之一。

最后，我们应该承认心理学的重要性，职场人士也应该多多将它应用在工作中。多年以来，很多企业的董事会都将心理分析作为筛选职工的一道程序，他们只是不喜欢谈论这点罢了。也许他们应该开始多讨论讨论。

举个例子，如果领导者们对“内在激励”的概念有所了解，他们看到“员工参与度”调查的惨淡结果时，就不会感到措手不及。如果他们了解自己的员工对“职业充实感”有各种不同程度的需求，他们就会更加认真地思索组织结构、职位设计以及工作方式的问题。这些都很重要。

领导者的心理状态（以及精神健康）对企业的命运有决定性的影响。既然如此，为什么还是有人不愿意对自己和同事的心理状态做一个评估呢？也许他们担心自己有不好的发现。然而他们有必要做这种评估。

曼弗雷德·凯茨·德·费里斯（Manfred Kets de Vries）是欧洲工商管理学院（INSEAD）的一名教授，他 2006 年出版了《沙发上的领导》（*The Leader on the Couch*）一书。他在书中向读者展示了职工多了解领导者心理的好处。他写道：“很多关于组织中人们如何做决策的管理学理论实际上将问题过度简化了。有人会对领导者的决策做出看似合理的解释，事实证明这些解释都不对。做出解释的人只是在看到决策产生的效果之后，反向推导领导者做决策的理由……不管你愿不愿意接受，‘不合理行为’要比‘合理行为’常见得多，且往往超出人们的预想。”

陷阱 23

机器将取代人类

几个世纪以来，新技术不断走进我们的生活，我们都能从容应对。所以，不要害怕机器人，试着和他们一起工作。

牛津大学两位学者（弗雷和奥斯本，2013）的研究数据显示，在未来20年里，美国多达47%的工作岗位将会实现自动化；而普华永道（PwC，总部位于英国伦敦的管理咨询公司）顾问的统计数据是38%（日本增永，2017）；经合组织（经济合作与发展组织，简称经合组织，是由35个市场经济国家组成的政府间国际经济组织。Zierahn，2016）则称，只有9%。如果你查看1950年的美国人口普查表，就会发现，到目前为止，只有一种职业——电梯服务员被完全自动化。虽然，我们担心机器会给我们带来不利影响，然而，人类一直在尝试利用机器，让机器参与人类社会工作。

当然，这并不表示，未来不会进一步实现自动化，也不代表机器人不会取代人类目前的工作。自动化的水平正在逐步提高，未来，它将与白领专业人士的水平不相上下。现在，某些技术可以完成基本的法律、会计工作，计算机多多少少能够迅速地翻译出可用的外国文本（虽然几乎可以肯定译文缺乏技巧性，而且可能有部分意思的缺失）。

然后是农业自动化。2017年，英国《金融时报》向读者介绍了机器人Thorvald，它是挪威开发的一款神奇机器。报道称（查芬，2017）："目前，该机器仍由操纵杆控制，可以将草莓植株运送到人类采摘者手中，让他们不用再在广阔的田野里行走几英里的路程。晚上，机器会检查紫外线照射的植物，杀死霉菌，否则霉菌可能会毁掉一半的作物。”

农民是否会投资这个小型机器人，用来收割庄稼或采摘蔬菜、水果，要视情况而定。在相当长的一段时间内，人力仍是更实惠的选择。虽然，目前Thorvald能收割胡萝卜类的作物，但对它来说，软软的水果却是一个更艰巨的挑战。开发Thorvald的挪威工程师帕尔·约翰（Pal Johan），在接受《金融时报》采访时说：“我认为，要制造出一个能以人类同样速度摘草莓的机器人，至少还需要10到20年的时间。”

尽管如此，机器明显能够、且将会做越来越多的事情。那么，人类掌握这一技术了吗？几乎没有。通常情况下，我们仍是控制者，给机器下达指令。[当机器、算法真正独立工作时，即使只是暂时的，也会使人类恐慌。2017年6月，当伦敦自治市场受到恐怖袭击时，出租车公司优步（Uber）使用的“动态定价”系统突然活跃起来，试图从着急打车回家的顾客身上赚取更多的钱，导致打车费用迅速攀升，直到人类出面干涉，这一现象才得到控制。就像管理大师本·哈默斯利（Ben Hammersley）说的那样：“管理者耸耸肩说，是算法让我这么做的，这样很不负责任。”]

机器确实学得更快，效率更高，而且对人类帮助很大。但从本质上说，它们仍然是依照人类编写的程序运行的。1967年，彼得·德鲁克曾说“计算机一无所知”，这一观点可能过于绝对，也不符合现实，但显然，他的本意是如果没有人类，计算机什么都不是。

劳拉·爱普生教授，是卡斯商学院专业服务机构（PSFs）的专家，她告诉我们（见附录5的完整采访），人们没有必要太过担忧机器会取代专业人员。她说：“科技永远取代不了优秀的员工。通常来说，技术已经取代了基本的、低技能的任务。虽然他们不愿承认，但很多PSF公司都在从事技术含量低的工作，因此他们每年需要招聘大量的毕业生。

“技术可以取代这些低技能工作。但是当首席执行官面临恶意收购、想筹集几十亿美元基金来扩大规模，或者员工去美国证券交易委员会面试会计、担心表现不佳的时候，电脑是给不了你建议的。”

◎ 员工被视为机器

事实上，令人担忧的不是机器人越来越向人类靠拢，而是从事低工资、低技能工作的员工，表现得越来越像机器人。弗雷德里克·泰勒的“科学管理论”，如今已有100多年的历史，该理论认为员工是幸运的、高效的机器，不断地重复做简单的任务（Taylor，1911）。如今，一些零售、仓库和快递工作，全程由电脑监控和管理，就是泰勒主义在21世纪的反映。

如今乐活（Fitbits）和其他小工具可以记录你的运动量和速度、你在电脑屏幕上的操作以及你所处的位置、时间，等等。人类员工担心自己的工作被取代，也忍受不了始终处于监控之下。因此人类管理者不得不进行干预，以确保机器不会损害劳动者的尊严，因为没有人想被机器或“平台”管理。

顺便问一句，你知道“机器人”这个词来自捷克语robota，意思是“强制劳动”吗?

◎ 人类员工与机器应当鼎力协作

事实上，人类员工和机器技术在工作上是互补的，这决定了未来公司的发展方向，也体现了人类员工与机器真正的价值所在。汤姆·达文波特（Tom Davenport）和茱莉亚·柯比（Julia Kirby），在他们的《只有人类才需要应用技术：智能机器时代的赢家和输家》（*Only Humans Need Apply*：*Winner and losers in the age of smart machines*，2017）一书中说，人类与机器的合作是相互促进的过程，而不是机器的全自动化过程。

我们不应该夸大“虚拟同事”（机器）和网络聊天的作用。2017年，在接受英国《金融时报》采访时，哲学家丹尼尔·丹尼特（Daniel Dennett）表示：“在生活中，那些机器只是智能工具，不是我们的同事。不要把它们当成同事，也不要试图让它们成为同事，最重要的是，不要自欺欺人，宣扬它们是同事。”

微软公司的首席执行官萨提亚·纳德拉（Satya Nadella）也说过类似的话。他说：“在未来，人类会和机器一起工作。所以，我们必须了解机器以及它们的工作方式。”如果微软的老板都认为机器不会取代人类，人类就没有理由绝望。在亚马逊的“实践中心”，人类员工和机器一起工作。机器从事更加耗力的抓取或搬运工作，而人类员工负责收尾，核对包裹是否配送到了正确的目的地。人机合作是一个互惠的过程。

最大的问题也许来自政治和经济领域，而非技术领域。如果自动化取代了大量工作，那么那些被抢走工作的员工该何去何从？他们将如何生存？无人机和自动驾驶汽车早晚会让数百万人失去工作。到时候会有足够多的新工作吗？这是不是意味着每人会得到一份“基本收入”（“居民收入”），以此来取代人们无法保障的工资收入？

接下来谈谈养老问题。老年人占总人口的比例日益上升，他们需要精心的护理。机器人也许可以帮助人类照顾老人，但是作为人类的你，是希望机器人来照顾自己，还是人类同胞来照顾你呢？老年人护理会成为一大产业，这一产业会催生数以百万计的岗位。只要给人类员工合适的薪资，人类会是这一职位的最佳人选。凡是涉及“机器人大军”的问题，我们都应该矫正自己的错误观念，分清孰轻孰重。正如萨拉·康纳在《金融时报》（2017）的一篇文章中说的那样：“我们不应该过于担心将被机器取代的工作，而应该去关注那些不会被取代的工作。”

一些专家所著的相关书籍，可以为解决这些问题提供指导，所幸一些专家已经着手开始写了。我们现在要做的是为人类员工和管理者提供支持。

◎ 给人类一个机会

哈姆雷特这样说道：“人类是一件多么杰出的艺术品啊！人类的理性光辉是多么耀眼！人类的能力是多么强大！他们的行动如天使般优雅圣洁，他们的智慧堪比天神！”虽然他这么说，你一定不觉得你身边的同事跟他描述的一样。但是他有一点说对了：人类确实了不起，不应该被低估。举个例子，目前为止，在灵敏度和处理复杂多变的任务这方面，任何一种器械都比不上人类的手，甚至永远也比不上。你听过哪台电脑给你讲过一个有意思的笑话吗？

新科技给我们的生活带来了新鲜刺激，但我们不能忘了这归根到底是人类的杰作。作家霍华德·雅各布森（Howard Jacobson）曾说：“网络只是一个带广告的知识库。”用新科技来做什么取决于人类自身。

在思考科技能为我们带来什么时，我们应该现实一点。2017年，在BBC电视台的一个访谈节目上，雅各布森说：“有人觉得，只要我们把足够多的诗句输入电脑，电脑最终能自己写出一部堪比《伊利亚特》的杰作。这种想法太荒谬了，就好比那个古老的传说：如果把足够多的羽毛笔给一大群猴子，猴子们最终能写出一部猴子版本的《麦克白》。”

要是哪天人工智能和机器学习技术能够写出堪比莎士比亚笔下的作品，我们就该担心了。但是目前为止，人类仍然处于主导地位，并主宰着机器。

毕竟，机器人可写不出来你现在看的这本书，是吧？

也不一定……

陷阱 24

企业必须要进行重大变革

企业不一定非要进行重大的变革，也可进行微小紧要的调整。不断进行有效的小调整，也可以大力推动公司发展。

不要轻信那些充满诱惑的高谈阔论。“企业流程再造”不再像刚出现那会没有根基，也没有争议（见陷阱 37）。“虚拟化”是否利于公司发展，也很难确定。当有人告诉你，企业现在需要的是变革型领导力时，那么你要认真思考了。

有些老板喜欢一上任就宣布：他们计划重组公司。这是一个重大目标。那么，公司要彻底改变吗，每一名员工都要改变吗？首先，你得确定你是否真的具有变革精神，你不能是一位“半变革型”的领导，要么全变，要么完全不变。你要慎重考虑自己是哪种类型的领导者。

渐进式变革会产生负面影响，许多企业项目陈述并不会提到这一点，投资分析师、急切的投资者或记者也不想听到这一点，通常情况下，它并不会引起关注。抗议游行时，从来不会有如下口号：“我们想要什么？渐变式变革！什么时候能实现？几年后逐步实行！”

◎ “变革”带给你的谈资

喜好自吹自擂的首席执行官总是讲“变革的吸引力”这类故事，在此类故事中，他们自己是故事的核心，整个故事围绕他们展开。故事通常是这样的：

“我接管这家公司时，公司内部一片混乱，员工情绪低迷，但是你看现在，我给他们带来多大的改变。”

此类故事的问题在于，故事真实性不高，其中还夹杂着危险的谬论、灾难的种子。举三个英国的著名例子。

◎ 今天的乐购！

长期以来，在公众眼中，乐购一直是个廉价的、不引人注目的超市，它一直坚持其创始人杰克·科恩（Jack Cohens）的理念：“把商品高高地堆起来，然后以低低的价格卖出去。”经过几十年（20 世纪 70 年代至 90 年代）的发展，乐购的业务逐渐发生了变化，摆脱了以往较为接地气的形象，成为英国领先的连锁超市。当然，这是一个充满坎坷的历程，伊恩·麦克劳林（Ian MacLaurin，现在是勋爵）带领他的团队，完成此过程中大部分的艰苦工作。在不知不觉中，乐购完成了转型变革，继任者是特里·莱希爵士（Sir Terry Leahy），毫无疑问，莱希是一位强大、意志坚定的领导者，他帮助公司延续了辉煌［而其竞争对手，尤其是森宝利（Sainsbury），却在公司的困境中苦苦挣扎］，但他并不是一位变革型领导者，用了整整 30 年，他才完成了转型。

但关于乐购变革的传说层出不穷。事实证明，这背后的利益太过诱人，以至于在宣布永远不会在美国开展业务后，乐购开始对此声明感到懊悔，随后在美国开了一家超市（Fresh & Easy），但以失败告终。紧接着是食品供应丑闻（你们买的宽面条上一定有他家的马肉），以及付费丑闻——供应商提前收取昂贵的游戏费用。

这些丑闻归咎于莱希的继任者菲利普·克拉克（Philip Clarke）。丑闻曝光时，克拉克是莱希的首席执行官。但对他们来说，关于变革的传说已成过去。虽然已经着手复苏，但乐购不再像曾经那样狂妄自大。

◎ 另外一个变革失败的例子——英国石油公司

另一个变革失败的例子是石油巨头——英国石油公司。20 世纪 80 年代，英国石油实现了私有化，此后稳步发展，并抓住机会收购了其他公司，成为全球最大的石油公司之一。领导者约翰·布朗（现在是勋爵）被称赞为变革型领导人，在他的领导下，公司发展蒸蒸日上。在他人眼中，布朗成了一个神话。英国《金融时报》称他为“太阳之神”，并撰写了大量关于他的正面文章。

但故事再次发生了转折。2005年，英国石油公司位于得克萨斯城（Texas City）的炼油厂发生爆炸，造成15人死亡，180人受伤。第二年，该公司在阿拉斯加的普拉德霍湾油田发生两次泄漏，造成了巨大损失。2007年，布朗私人生活被记者曝光，此外，由于在法庭上撒谎，他引咎辞职。继任者是托尼·海沃德（Tony Hayward）。2010年，“深海地平线”（Deepwater Horizon）钻井平台发生事故，导致11名钻井工人丧生，并引发美国历史上最大的海上石油泄漏事故。至今清理和赔偿的账单已达数十亿美元，且仍未结清。因此，英国石油公司的转型并不像人们所认为的那样顺利。

◎ “剪刀手弗雷德”

最后一个例子是弗雷德·古德温（Fred Goodwin），他曾经是一名爵士，人称“剪刀手弗雷德”（他一贯主张大力削减成本，故得此绰号）。在他的领导下，苏格兰皇家银行从一家中层银行成功跻身为世界顶级银行，在他采取的所有措施中最突出的就是2000年对国民西敏寺银行（National Westminster Bank）的收购（当时他还是副首席执行官，但却是这次交易的主导者，第二年他升任首席执行官）。

这次交易做得有些过火了，2007年，苏格兰皇家银行居然把荷兰银行（ABN-Amro）给收购了，而当时正是全球金融危机的前夕。一年后，还是爵士的弗雷德和他的同事只能请求政府给苏格兰皇家银行提供支持，以拯救濒临破产的银行。这是苏格兰皇家银行历史上耻辱的一页。

◎ 稳健者方能成功

微小的改变是好事。通过一点一点地改变，事情会往好的方向发展，这属于“渐进式”改变而非“转型式”变革。它在日语里有一个专门的词语——kaizen，意为“持续不断地改善”。这是一个值得追求且可以实现的目标。我们可以看一下，日本产品20世纪50年代是什么样子，再看看现在它们是什么样子。曾经日产汽车一直是人们的笑柄，起码跟美国汽车比起来是这样。福特、通用汽车公司（GM）和克莱斯勒（Chrysler）最终也笑不出来了。日产汽车实现了一次完美转型，但这背后是数十年的辛苦付出，而且也并非某一位领导者的功劳，而是数百万职工的功劳。

如果董事会宣布，公司将经历一番转型，同时一位新任领导承诺马上公司就可以见证转型，这时候我们就应该担心了。短期之内的大转型根本不可能实现，而且公司也不应该以此为目标。要想实现持久、真正的改变，我们必须付出长时间的努力，而且不能寄希望于某一个英雄人物。这也解释了中国哲学家老子的一句话时至今日仍能引起人们共鸣的原因，这句话用现代汉语讲就是："如果在一个人的领导下，大家完成了任务，实现了目标，然后说功劳是属于大家的，那么这个领导就是一个好领导。"这句话送给所有自诩为"转型式领导者"的人。

陷阱 25

顺从会导致成功

谨慎行事的人承担了极大风险，敢于尝试新事物的人才更有安全感。

仅凭一个人的着装，你就能对这个人有所了解：着装低调、得体的人总是缄口不言，不轻易发表看法。长期以来，很多员工保持低调，远离麻烦，表现得中规中矩，只要能留在公司就心满意足了，这是比较稳妥的做法，我们理解并尊重这种选择。但是，员工在中等职位上混日子，能完成公司的及格线，却又没有大作为的时代已经过去了。

自动化已经对人们产成了威胁（见陷阱 23），在算法能以更小的成本取得同样效果的情况下，稳妥、中庸的工作方法并不能保住你的工作。人类及公司，必须证明他们的价值，才不会被取代。惯于模仿的企业，容易受到新兴低成本企业的冲击，或易被截然不同的企业取代。以往稳定、安全的中间地带，现在却充满了危险。这个时候，你就要勇敢地做出选择。

◎ 标新立异

2007 年，伦敦商学院组织行为学教授丹·凯布尔（Dan Cable）在他的著作《向独特转变：建立一支独特的员工队伍，创建一个伟大的公司》（*Change to Strange：Create a great organization by building a strange workforce*）中，阐释了这一观点。凯布尔教授认为，如果你能建立一种独一无二，甚至是有点怪诞的企业文化，那么，你的企业将很难被复制，也很难被打败。

瑞典家具公司宜家（Ikea），在全球家具市场中占主导地位，它始终坚持其独特的企业文化。宜家很容易激起人们的购买欲望，因为你可能会迷失在家具的海洋里，买的东西，会比你预期的多得多，而且你得自己组装家具，这时候，你可能会疲惫不堪，或者因为买了太多家具和你的配偶大吵一架。尽管这样，宜家的回头客还是很多，没有公司可以取代它。宜家是一个小世界，它的做事方式与众不同。

怎么培养一种特立独行却又能创造利益的团队呢？在他的书中，凯布尔教授举了一个吃热狗比赛的有趣例子。在这场比赛中，获胜的不是胃口最大或最肥胖的人，而是一个像机器一样机械进食的人。他说，那个机械进食的人在比赛中投入的心力让你惊叹，你心想“这家伙不一般”，同时你也受到了深深的触动，对他赞叹不已，但毫无疑问你并不愿意模仿他、追随他的脚步。

凯布尔教授建议，正如热狗比赛的获胜者凭借独特优势获胜一样，一家企业也应该找到自己的特点。做好这一点，公司的发展才能蒸蒸日上。他问道：“你的企业在哪方面能够完胜竞争对手？你有什么市场方面的创意，能吸引顾客和竞争对手的关注？”不要随波逐流，要保持自己的特色。

◎ 个性化的企业标签

琳达·格拉顿也是伦敦商学院的一名教授，她（见附录6中对她的采访）过去曾写过一些关于企业“个性化标签”的文章，所谓“个性化标签”指的是企业独有的运营方式或能力。虽然所谓的“最佳做法”可能是一种行业标准，广为人知，因此被大量公司借鉴，但个性化的企业标签，就像书面签名一样，应该是与众不同的。最佳做法是人尽皆知的，而个性化的标签则是企业特有的。

格拉顿教授的同事塔米·埃里克森（Tammy Erickson）进一步地阐述了这一观点，他认为，个性化的方法可以帮助公司越做越大。“个性”（weird）在这里的意思是贴合企业自身的、与众不同的特点。埃里克森博士说：“员工参与度最高的公司，是最具个性的公司。”正如2017年，她在接受《人力资源》（*Human Resources*）杂志采访时所说：“停止采用最佳做法，开始考虑创新方法，不要随大流，想想你的公司有什么特质，要与众不同，努力去利用这些特质发展公司。”

这也许很难实现，但确实是有意义的。例如，当今世界，客户服务相当糟糕，如果员工觉得自己的公司与众不同且充满正能量，那么他们就能够创造出更有价值的东西。一旦员工觉得自己的工作有价值、有明确的目标，他们就能迸发出更多灵感。这会是一个良性循环：如果一家公司做得比同行更出色，它就更应该去创造自己独一无二的企业文化。一旦企业做到这一点，它们就不再迷信某一种业内广受推崇的经营模式，转而大胆创造自己独一无二的企业文化。一家企业不必将自己打造成宜家那样的业内“奇葩”，但拥有独特的企业文化一定能让它脱颖而出。

◎ 乘风破浪做丹尼尔

一首古老的歌谣这样唱道：

> 你要敢于做丹尼尔，
> 敢于跟别人不一样，
> 敢于坚守你的目标，
> 敢于把你的目标公之于众！

向企业或组织内部人员宣扬“大胆行动”是比较容易的。企业内部员工也许不太容易接受冒险的行为。［BBC 电视台曾出品过一个人气很高的喜剧《是，大臣！》(*Yes*, *Minister*)，剧中的部长吉姆·哈克意识到自己也许正冒着极大的风险，因为他在政府工作的同事认为他有可能做出一个“大胆”的决定。］

但是，如果不放手一搏，企业就不能向着好的方向发展，组织也会走向衰落。所以，有些企业领导通过明示或暗示，要求员工采取最常规不会出错的工作模式，其实这样做也是有风险的。从短期或者稍长一段时期来看，企业的发展还算顺利，员工的工作也很稳定。但从更长远来看，这种做法对企业有害无利。

随波逐流是一个糟糕的企业战略。也许有人曾告诫你，要向大多数人看齐，不要挑战常规……你不应该听从他的话。跟在别人身后亦步亦趋，就是一点点地走向毁灭。

陷阱 26

富有同情心是弱者的表现

在商业领域，业绩就是“硬实力”，但创造业绩的却是感情丰富的人类员工。承认这一点并非软弱。

贝尔·利特尔约翰（Bel Littlejohn）是克雷格·布朗（Craig Brown）创立的《卫报》（*Guardian*）的小说专栏作家，他写过一本书，书名为《请拥抱哭泣的我，只因我为整个世界而哭泣》（*Hug Me While I Weep，for I Weep for the World*）。这本书讽刺了那些多愁善感、自制力差、常常自我陶醉的人，在他们看来，生活中每件事都充满了深刻的情感。这听起来有点滑稽，或许只是人们对谈论“情商”的一种过激反应。20 世纪 90 年代，“情商”一词开始流行，随后丹尼尔·戈尔曼对其做了进一步的研究（见陷阱 4）。

说到这里，许多老板会非常庆幸，因为他们从不谈论自己的感受。长期以来，人们一直质疑感情丰富的员工，认为他们不够专业、不够认真。资产负债表、业绩、现金流和盈利能力都是“硬实力”，是不带感情色彩的，因此，我们也要坚定、果断地处理这些事情。在男性占主导地位的工作场合中，男子气概意味着不留情面。有人指出，在工作中，女性难以升职的一个原因是，女性做不到“冷酷无情”，反而更加情绪化（另一方面，自信或果断的女性，可能会被指责为“专横跋扈”），结果就是高层女性过少。

通常情况下，金钱被视为有形物品，是可以衡量的，而情绪（士气、动力、文化、参与）却是无形的、难以捉摸的。金融领域不该掺杂个人情绪，商界领袖也不能带着情绪处理事务。如今，虽然许多人认同“战略是文化的重要组成部分”（普遍认为此话出自彼得·德鲁克，但没有文献证据），但尽管认识到情感对工作影响巨大，距离其应对措施仍有很大的差距。

◎ 同理心缺失

2006年6月，在芝加哥西北大学（Northwestern University）的毕业典礼上，来自伊利诺伊州的年轻参议员巴拉克·奥巴马（Barack Obama）发表了毕业演说。那天，他给毕业生们提了几条建议，让人印象最深刻的一条就与“同理心”有关。

奥巴马说：“在我们国家经常有人谈论联邦政府的财政赤字问题，但我认为，我们应该多关注同理心缺失的问题，很多国人不能设身处地为他人着想、用换位思维来看待问题。”

在他看来，美国文化过度关注物质财富、形体美感和声誉名望，以致人们普遍缺乏同理心。对于这一点，他做出强烈的谴责。在演讲结束时，他鼓励年轻的毕业生拓宽视野，培养关心他人的能力，以此得到更好地成长与发展。

他的言论与贝尔·利特尔约翰的讽刺论有异曲同工之处，但同理心理论得到了这样一位演说家（当时的他即将获得全世界最有权势的职位）的支持，不会再有人否认它的存在，同理心在工作场所和其他任何地方都可以发挥作用，这一点是人尽皆知的。

◎ 切忌同理心泛滥

尽管你的言辞冷硬不留情面，但你也会产生同理心。在工作中，员工的工作既需要有截止期限，也要维持纪律，但并不需要管理者同理心泛滥。管理者要表现出同理心，但在必要的时候，他们也需要表现出坚定甚至严厉的态度。

保罗·布罗姆（Paul Bloom）是耶鲁大学的一名心理学教授，他在自己的著作《反同理心：理性施予同情》（*Against Empathy*: *The case for rational compassion*）中阐明了这一点。他在书中举了这样一个例子：一个医生过于同情病人的病痛折磨，以至于没有采取虽让病人更加痛苦，但却十分必要的治疗手段。显然，企业中也会出现类似的情况。在企业内部，并非所有的决策都要征得员工的一致同意。员工有时会接到自己不想做的任务，并且因此心情沉闷。这时候，领导能够察觉出来，但不需要因为同情员工而收回任务。适度的同理心能让公司更人性化，然而过度的同理心将不利于企业发展。

东安格利亚大学（University of East Anglia）诺维奇商学院（Norwich Business School）的学者曾做过一个研究，结果表明来自管理者的支持是一把双刃剑。根据一位名叫卡洛斯·费雷拉·佩拉尔塔（Carlos Ferreira Peralta）的研究员的说法，一方面它避免了员工遭受消极情绪的困扰，另一方面它却阻碍了员工自行解决情绪问题。

◎ 用心感受世界

反对过度同理心是合情合理的，但并不代表工作场合里完全不需要情感。有些人打心眼里抵触和机器人并肩工作，这种心理一部分源自对机器人取代自己的担忧，还有一个原因：我们希望自己的上司是有血有肉、有感情的人类同胞，而不是冷冰冰的机器（见陷阱 23）。

理念、品牌、人力资源和企业文化都属于公司的无形资产，这些资产渐渐成为企业和组织借以超越竞争对手的优势。也许，财务经理对无形资产的评估并不总是那么准确，有时也不知道对它们的投资能带来怎样的收益。能够处理企业基本业务的管理者很多，但知道如何与同事相处的则没那么多。

明智的领导期望公司的管理者能够展示出过人的情商，对同事怀有同理心，与此同时对工作的要求一丝不苟，激励员工做出最好的业绩。管理者要设法实现情绪和能力之间的平衡。

陷阱 27

距离产生尊敬

如果你想让你的员工了解你、尊重你，你就必须表现自己，多与他们交流沟通。

对于那些刚参加工作的教师，人们有个建议：“圣诞节前不要表现得太平易近人。”也就是说，在春季学期开始后，你首先要保持神秘感和严肃感，然后再表现出和蔼可亲的一面。

对于汤姆·布朗（Tom Brown，英国电视剧《汤姆求学记》的男主人公）那样的学生，这个忠告还是比较适用的。但现在看来，如果一位新教师表现得过于保守、不好沟通，似乎不太可能有所成就；如果他没有个性，也很难吸引学生；因此，即使你没有魅力，也要有个人特色。

如今，一些管理者远不如那些优秀教师有见识。他们仍然希望保持自身的神秘感，让员工难以捉摸。他们相信知识就是力量，通过寡言少语、保持距离来隐瞒自己的信息，可以做出更大的成就。

虽然员工不喜欢喜怒无常、反应过激的老板，但是有时候老板要适度展现自己的生活动态。如果你想让员工多与你互动，那么你要将自己的个性、缺点甚至一切展现给他们，以此来进行更好地交流。

◎ 保持一定距离

但是，管理者需要知道加入、退出交流的时机，以及保持距离、亲密沟通的场合。德国社会学家格奥尔格·西梅尔（Georg Simmel，1858—1918，瑞士社会学家）提出了“社交距离”的概念，与此紧密相关。他的一部作品探讨了“陌生人”的概念：陌生人可以是近在咫尺的人，可以是远在天涯的人，也可以是认识但没有深入了解的人。显然，这一概念与管理者必须做的判断有相似之处。有的管理者很少与员工沟通，他们能客观、不带感情地去评价员工，例如在绩效评估方面（见下文），这是正常现象。然而，正是这种客观性，让员工更重视他们的意见，因为员工知道，“社交距离”让管理者无法当面谴责、批评他们。

这与第一章讨论的两个重要管理环节——方向和支持者有异曲同工之处。何时插入话题、何时保持距离都是管理者需要注意的问题。罗布·戈菲和加雷斯·琼斯在《你凭什么领导别人》一书中引用了西梅尔的观点，讨论了“适当地表现同理心”的必要性，要亲切地表示你理解了同事的观点，但也要态度坚决，在必要时指正他的错误。这并不容易，所以说要成为一名优秀的管理者是很难的。

事实上，正如琼斯和戈菲在采访中提及的（见附录8），在大公司里，管理者与员工在生活中很少接触，不能近距离了解他们的具体情况。琼斯告诉我们：“我更喜欢美国精神影响下的公司，管理者与员工亲密无间，如同朋友一样相处。”在大公司工作，如果你不主动去跟员工们交流，就不太容易与他们交心，他们与你的相处通常是虚情假意的，他们交上来的只有公事上的报表、汇报。他补充说：“管理者们总是认为自己没有时间与员工近距离接触，不能了解他们的情况，他们认为仅通过电脑就能了解所有员工的信息。”

◎ 与员工近距离接触

你肯定不希望凡事都依赖电脑，所以管理者不能只盯着电脑，而应该努力维系工作场合的亲密关系。团队需要合作共赢、互相照顾，这一原则也同样适用于管理工作。因此，虽然工作时你需要与员工保持适当的距离，不能刻意与员工保持朋友关系，但在其他时候，你必须认真经营这段关系，与员工密切接触。

密切程度因工作场所而异。但在《厨房的秘密》（*Kitchen Confidential*）一书中，作者安东尼·布尔丹（Anthony Bourdain，厨师）提出的观点很有趣。安东尼曾经脾气暴躁，臭名昭著，但现在却性格稳重，十分善于观察和思考。他在书中写道："你的同事都是你的朋友，你可以依靠他们，从他们身上学到很多东西，这对你的工作大有裨益；反过来，他们也会关心你，帮助你做好工作。所以，管理者应该花费心思去了解他们，表达你对他们的尊重，了解他们的所思所想。"

◎ 亲密创造美好

附录1里收录了我们与查尔斯·汉迪的对话，其中有一部分内容也说明了上文提到的观点。有些企业规模庞大，同事之间无法形成亲密关系，管理者与其团队也无法形成良好的伙伴关系。约翰·加内特曾开玩笑说，一个人最多能管理好12个人，他的原话是："不超过12个人对谁都有好处！"尽管现实世界中一家公司不可能只有12个员工，当一个管理者要管理很多人的时候，我们依然要警惕。中国海尔公司是世界上最大的冰箱和洗衣机生产商，它包含2000个子部门，每一个部门如同家庭作坊一样，有很大自主权。海尔公司这么做有一个明确的目的，就是尽可能拉近管理者与其下属的距离。

◎ 反馈

管理者对给予反馈这件事感到忧虑，这是有原因的。因为在这一过程中，管理者和员工都不好受。但是，如果管理者能认识到距离感的重要性，再进行下一次"艰难"的反馈时他就能做得更好。

《坦诚相待》（*Radical Candor*）的作者金·斯科特（Kim Scott）在书中很好地论证了这一点。为什么不以反馈作为谈话的开场白呢？这样做可以让员工意识到，你不仅要给他反馈，你还想听听他给你的反馈。承认自己也会做出错误的判断甚至接受员工的批评，这会让员工更容易接受你对他严厉的指导。

把给员工的反馈积攒下来，等到某个时机到来再一并反馈给他，这种做法是有害的。管理者应该在事情刚发生的时候就表达自己的看法，并和同事交流。另外，管理者应该尽量与员工一对一交流。员工如果一直通过邮件或语音信息收到反馈，那么他的上司可能是个机器人。

◎ 不要太冷淡（至少不能一直如此）

行驶在机动车道上，我们必须时刻注意与前面的车辆保持距离。同理，管理者也要谨慎处理与下属的关系。但是管理者不应该永远与下属保持距离，必要的时候他们需要适当拉近这段距离。

陷阱 28

管理者要做最真实的自己

管理需要技巧，所以做自己是远远不够的。你不能做一个骗子，但也不能简单直白地表达自己。

还有比做自己更简单的事吗？没有人不了解自己，所以，在工作中你要做好自己。

事实上，对于管理者来说，做自己是远远不够的。工作环境会发生变化，这就要求你也要做出相应改变；员工具有差异性，因此不能用完全相同的方式管理他们。总而言之，管理者需要随机应变，一种管理风格并不适合所有团队、所有情况。

在接受我们的采访时，埃米尼亚·伊贝拉（Herminia Ibarra）说道（见附录 4）：“实际上，做你自己是个糟糕的建议。为什么这么说呢？不是因为做你自己不好，而是我们不知道‘自己’具体是怎么样的。在不同应酬场合下，我们和我们所扮演的角色也是不同的。”

仅仅做自己不是解决问题的完美方案。如果真实的你令人望而生畏怎么办？如果在你的管理下，你的团队并不和谐，那么他们不会因为你的真实性而感谢你。如上所述，你的真实性可能因情况而异，所以这会降低真实性吗？无论如何，“真实性”这个词，已经因为使用过度而失去它原本的意思了。我们应该谨慎对待真实性。

◎ 重要的不是做什么，而是如何做

在《你凭什么领导别人》一书中，罗布·戈菲和加雷斯·琼斯深入研究了“真实性”（authenticity）这个词，并提出了更实用的方法和管理建议。他们也认识到，作为个人使命宣言，“做自己”太肤浅、局限性太大。他们表示，管理者需要了解、展示自己，公开表明你是谁，你关心什么，你的优点、缺点分别是什么。这将展现一个更丰富、灵活、有吸引力的“真实自我”，员工也会觉得你是个值得倾听的人。

他们将这些建议总结为：“巧妙并谨慎地运用你的特质充分展示自己。”感知情境的变化、采取相应措施是一项至关重要的管理任务。而“仅仅做好自己”是行不通的。

◎ 先学习领导人的行为，继而学习领导人的思维模式

在职业转型中也确实存在了一些很难解决的问题，它们一直困扰着员工。马歇尔·戈德史密斯（Marshall Goldsmith）教练将他的书命名为《习惯力》（*What Got You Here Won't Get You There*）是有原因的。我们必须不断提升自己，随机应变，根据情况需要调整自身状态，学习新的技能。

通常来看，在转变工作方式之前，你无法预知利弊，因此你可能需要先进行试验。因此埃米尼亚·伊贝拉（Herminia Ibarra）才将新书命名为《能力陷阱》（*Act Like a Leader，Think Like a Leader*）。这并不是因为你必须“装腔作势”，而是出于经验，你必须先不断进行新的尝试，才能找到适合自己的工作方式。

我们强烈建议读者阅读采访全文，但如果你没有时间阅读全部内容，请记住以下几点：

伊贝拉教授尤其关注职业转型，以及转型过程中存在的问题。

应对转型的一种方法是“夸大自己的优势”，她说：“这会让人误以为真，感觉自己真的具有这些优势。从积极意义上来说，这种方法能够成为我们的精神支柱，帮助我们做出选择；但它也有负面影响，我们将会无法发掘其他长处、学习新事物。”

伊贝拉教授认为，升职以后面临的另一个问题就是，尽管你不欣赏上司的领导风格，你依然觉得自己有必要效仿他。她说：“你会觉得上司的领导风格乏善可陈，这些人精于算计、控制欲超强、什么事都不公开。你不想步他们的后尘，但又觉得只有这样才能取得成功。因此，人们升迁以后往往情绪复杂、内心纠结：自己到底要不要成为那样的人。”

伊贝拉教授认为，我们不应该花钱买那些教我们“如何做自己”的书籍和课程。她认为，如果我们转而去思考，问自己：“我是一个怎样的人？我有哪些长处？”这种思考只会让我们止步不前，却无法帮助我们找到提升自己的方法，无法使我们保持核心优势的同时，又学到新东西，获得成长，讶异于自己的蜕变。这个过程不同于先假装自己已经成功，再收获真正的成功，而是不停地探索直到获得成长。

◎ 这不是你一个人的事

最后，伊贝拉教授建议我们把视野放宽一点，不要只想着我们自己，因为这不利于我们成为优秀的管理者。我们需要认真思考自己应该如何做，也要思考如何处理同事关系。

伊贝拉教授说：“在人与人的交流中权威性是绕不开的话题，以至于人们经常拿它来做借口，比如：我用不着改变，用不着去倾听别人的意见，我完全可以做一个不招人待见的总统，用不着担心我的缺点，做我自己就好。这样想的人通常认为，人们会满意于自己展现出真实的自我。但是，事实并不是这样！人们真正想要看到的是，管理者与其他员工相互扶持，通力合作。只做好自己是远远不够的，管理者应该营造积极的合作关系和企业文化，这样其他员工也能展现自己的优势，各抒己见。”

陷阱 29

一个人的出生日期决定其命运

管理者应尽量避免根据出生日期评价员工。

每个人都喜欢贴标签，因为这有利于事务管理。给所有东西都做个清晰的标记，这样就很整洁干净。

管理者也喜欢以特定的方式给员工分类，这样既有效又省时。“你是这类员工，他是那类员工，好的，这样的话……”

这种方式听起来或许有点不近人情。然而，一些企业在评价员工时，或多或少都采取过这样的做法。他们写下员工的出生日期，然后标记为：“婴儿潮一代”（1946 年初至 1964 年底出生的人）、“X/Y 一代”（X 一代是 1965 年至 1977 年出生的人；Y 一代是 1983 年至 1995 年出生的人）或“千禧一代”（同指“Y 一代”）。那么，问题也随之而来。

根据出生日期，把人们分成几个社会群体，这确实容易管理。但是有人认为，出生于同一时代的人有相似的目标、三观或抱负，这种观点并不合理。幸运的是，并不是所有人都这样认为。

人们心理变成熟的速度、时间各不相同，进入人生重要阶段的时间也因人而异，与年龄无关。因此，与 40 多岁、已婚、有三个孩子的同事相比，一名 40 多岁的单身员工，可能与 25 岁的同事之间会有更多的共同点。如果我们说这个 40 多岁的单身员工是典型的“X 一代”，那就错了。典型的“X 一代”到底指的是什么？也许是指：同龄人拥有共同记忆、相似的文化认同感，仅此而已。

2015年，在英国《金融时报》中，安德鲁·希尔（Andrew Hill）提出了“代际一代”（Generation Cusp）一词，指出生在所谓的代际重叠边缘的人。而人们在划分年龄群时界限过于分明，忽视了这类人的存在，也否认了父母的年龄、认知对孩子的教养、性格养成的重大影响。但是，不同年龄段的父母终究是不同的。对于出生日期，拿破仑的看法可能更实用。他说，要了解一个人，你必须知道当他20岁时，这个世界是什么样子的。但即便如此，这也只是了解一个人“年代背景”的部分途径。

当然，“婴儿潮一代”可能有某些共同点，其中有的较为正面，有的则令人厌烦。总的来说，他们的情况还算不错，毕竟他们出生在一个好时代。由于战后经济恢复，“婴儿潮一代”受益匪浅，而众所周知，他们的后代就没有那么幸运了。比起探讨年龄的陈词滥调，更有趣的是，在工作中，不同年龄的员工建立（或未能建立）了充满活力、创造力的联系。

◎ 年龄歧视

前几代人（尤其是“婴儿潮一代”）通过游行或抗议得来的工作自由，令如今的年轻一代受益无穷。对于已经年过50的人们来说，这使他们感到自豪和快乐。对于这几代人来说，工作场所就像家园一样，其精神应世代相传，因此员工们都应好好相处。

正如琳达·格拉顿（Lynda Gratton）和安德鲁·斯科特（Andrew Scott）在他们的著作《百岁人生：长寿时代的生活和工作》（*The 100-Year Life*：*Living and working in an age of longevity*，2016）中所言，过去人们所熟悉的人生阶段的划分方式过于刻板，与当今延长的预期寿命和多阶段工作模式不相称。许多人会工作到70岁甚至更老，而且在漫长的工作生涯中，他可能会身兼数职。

格拉顿教授接受我们的采访（见附录6）时说，“有人说，人到了60岁就没前途了，这种说法很荒谬、刻板，因为随着寿命延长，我们必须工作更长时间，一直工作到70多岁甚至更晚，如果在55岁时被淘汰，这对个人来说简直是灭顶之灾。我们也知道，一旦人们不再工作，他们的健康也会每况愈下。

“当我教书的时候，我说‘我 62 岁了，但我仍像 40 岁一样精神矍铄’，有人反驳我说，‘但你比 40 岁的人多了 20 年的经验’。他说得没错，随着年龄的增长，人们的经验也随之增多，就能教给学生更多知识。

“这就引出了关于出生年代的谬论。人们对‘X 一代’‘Y 一代’‘婴儿潮一代’有很多没有事实依据的刻板印象。他们说：‘“Y 一代”喜欢有意义的工作，虽然我是个嬉皮士，但我就不想做有意义的工作吗？’或者说，‘虽然“Y 一代”技术水平高，但是我们的技术水平也不差。’这种言论太过拘泥于年龄，真的很糟糕。我和安德鲁在书中写道：‘不要因为年龄对一个人产生偏见，要多关注他们的能力。一些大型会计公司会解雇 55 岁以上的员工，这未免太荒谬了。’”

2015 年，查尔斯·汉迪出版了《第二曲线：跨越“S 型曲线”的二次增长》（*The Second Curve*：*Thoughts on reinventing society*）。正如他在这本书里说的那样，对于那些想要重新开始、尝试新事物且精力充沛的人来说，出生日期和职业顾问的期望是无足轻重的。

◎ 充满可能性的时代

管理者应尽量避免根据出生日期判断员工。一个团队应该包含年龄不同、价值观也不同的各色人等。兰卡斯特大学管理学院（Lancaster University Management School）的保罗·斯帕罗（Paul Sparrow）曾调查研究过麦当劳的“多年龄段”团队，结果显示，如果一家麦当劳的员工包含多种年龄阶层，其业绩会好过其他饭店。因此，如果你认为年轻是最重要的，那你就大错特错了。

另一种危险潜藏在高速发展的科技领域，凯瑟琳·图尔科（Catherine Turco）在其《会话公司》（*The Conversational Firm*，2016）一书中，描写了这种危险。书中有一个作者虚构的“人人科技”（TechCo）公司，在该公司举行的一个所谓的“极客之夜”活动上，人们经历了类似于“强制性休闲”的糟糕体验——每人都必须和别人交流自己的奇思妙想。这种活动对性格外向活泼的人来说没什么，因为他们享受闲聊的过程，然而对于那些性格内向，不得不强迫自己多参与对话的人来说，这简直是一场噩梦。这件事给我们的教训是，不要把有经验的员工排斥在外，否则会出问题。

有时，年轻的管理者会兴致勃勃地提出自己的创意，这时如果他们向年长的职工请教，听听他们的看法，就能避免很多错误。在第一波互联网热潮（Web 1.0）中，野心家们和彻头彻尾的互联网新手激情澎湃地做着各种夸张的宣言，这种情况屡见不鲜。他们的一些说法有些道理，然而另一些对网络购物的前景过分乐观了，而这只有年级稍长的人才能敏锐地觉察出。毕竟，一百年前，人们还得打电话给肉店的屠夫，然后等着店员周末骑车过来送牛肉。

如果一个团队包含不同年龄段、出身背景的成员，大家的想法汇集起来就容易激发创造力。有人宣扬“年龄决定论”，认为年轻人比年长者更擅长某种活动，另一些人则认为年长者略胜一筹，这种说法应该引起我们的警惕。

如今人们过于推崇“千禧一代”。千禧一代确实在工作场合中展现出过人的能力，尤其是他们对电子产品的熟练使用。但是，认为他们与上一辈人天差地别的想法是错的。2016 年，万宝盛华集团（Manpower Group）做了一项大型研究，研究对象是来自 25 个国家，年龄在 21 岁到 36 岁之间的人。结果显示，当今的年轻人对稳定工作的重视程度完全不亚于他们的祖先。他们并不像年长的管理者所认为的那样责任心淡泊，没有原则。

年轻人经常挑战长者、反抗权威、缺乏耐心。同时，他们经常让长者感到恼怒，但偶尔也会让他们感到欣慰。

当今关于“千禧一代”的很多说法过于夸张，甚至到了荒谬的程度。有些说法则纯粹是对千禧一代的污蔑。有些事情是改变不了的，比如人性。出生日也并不能决定一切。

陷阱 30

薪资是员工的动力

促使员工努力工作的不是丰厚的薪资，而是良好、公平的工作环境，这听起来有点不可思议，但确实是事实。

传统上，人们认为工作中的奖惩方式是“打一巴掌，再给颗甜枣”，或如德国人所说，是“给个糖面包，再打一鞭子”（Zuckerbrot and Peitsche），也就是，把利益摆在员工面前，激励他们努力工作；然而，一旦他们经不起诱惑而懒散放松，惩罚是不可避免的。

如果为你工作的是低等动物，这种方式可能有效。但事实上，这种由现代人高度简化的观点并不正确。毕竟，现代人不可能不懂如何利用所谓的激励机制。像富国银行那样，给员工设定的目标过高，为了完成目标，员工会不择手段，结果酿成了灾难。因此，激励制度本身可能对你或企业并没有好处。你必须认真思考，你想要提高公司哪方面的业绩。在激励员工努力工作方面，真的是一分耕耘一分收获。

很多人都明白这一点。然而，如今仍有管理者用金钱激励员工，或者更确切地说，他们希望借此提高业绩，这就是所谓的“绩效薪资”的隐藏含义。结果证明，作为一种管理手段，绩效薪资是一条死胡同，几乎是完全失败的，然而，它却是神话一般的存在，不理智的人总是认为它充满了神奇的力量。在很大程度上，对激励制度、薪资和业绩的误解，导致了高管薪资居高不下，但这对提高业绩效果不大。兰开斯特大学管理学院教授史蒂文·杨（Steven

Young）做了一项为期 10 年的研究，结果发现，给高管加薪并不会提高企业业绩（Young And Li，2016）。

雄心勃勃的首席执行官可能想要获取比同行更高的薪资。但这种棘轮效应（又称制轮作用，指人习惯形成之后的不可逆性，即易于向上调整，而难于向下调整）本身并不能提供动力，促使领导力提高，或更好地完成工作。高层的巨额薪资是为了留住员工，以防他们跳槽，而不是激励他们。但其中的缺陷也很明显，能力出众的首席执行官可能跳槽到薪资更高的公司。因此，薪资螺旋上升的趋势持续了 20 多年，并将继续持续下去。

◎ 重在参与而非获胜

一些人把工作生活视为一场比赛。这一概念是由经济学家爱德华·拉齐尔（Edward Lazear）和舍温·罗森（Sherwin Rosen）推广的，20 世纪 80 年代初，他们首次提出了这个概念。这种理念激励员工努力工作以获得更高薪资，但不同的是：在公司的等级制度下，员工们致力于获得高于自身工作能力的薪资，而不是仅仅满足于获得高薪，过去我们把这个过程称为“职业晋升”。

但是员工渴望升职，仅仅因为他们想获得更高薪资吗？在投资银行或销售团队中，可能确实如此。但实际上，工作回报不仅仅包括金钱。有价值的职业晋升是指把工作做得更好，而不仅仅是得到更高的薪资。它意味着为顾客提供有价值的服务以及更好地领导、管理员工，而并不是所有的奖励都是经济层面的。就像弗雷德·迈拉麦德所言，最有力的激励方式来自于内在而不是外在（见陷阱 22）

◎ 下班回家的驱动力

2010 年，丹尼尔·平克出版了《驱动力》（*Drive*）一书，有力地抨击了一些公司以薪资激励员工工作热情的不合理做法。以大量心理学研究为依据，他指出除薪资之外的其他因素才是工作的重要内在动机。

虽然薪资公平和员工的薪资公平感都很重要，但平克认为工作中的自主性、对技能的掌握和工作目标这三个方面更为重要。

在某种程度上，自主权是区分人类员工和机器人的关键（见陷阱 23），意味着员工在工作中可以自由地做出选择，不必过度拘泥于规则或管理形式。如果员工不断重复工作且没有工作自由，就会失去工作的内在动力。因此，优秀的管理者会尽其所能给予员工自由。

掌握技能很重要，因为它能增强员工职业晋升和职业技能发展的意识。简而言之，掌握了技能，员工才有进步的空间和远大的前景。当领导者不愿给员工做出事业上的保证，员工的专业素养就尤为重要。一旦员工离开现在的公司，他也带走了自己的专业技能。如果领导者鼓励下属培养技能，就能得到下属更多的信任。这相当于签下了心与心的合约，员工和领导者能形成互利互惠的良好关系，而这也能激励员工努力工作。

最后，合理的目标有利于做好工作（罗布·戈菲和加雷斯·琼斯聊到了有意义的工作）。一旦有了目标，员工就不需要遵循各种规则，管理者也不必天天召开小组讨论会，甚至不需要做过多的管理工作。员工知道他们应该做什么、如何做，因为他们有一个共同的目标，也明白这个目标的意义所在。有的公司了解自己的目标，我们在享受其服务时能够察觉到这一点（遗憾的是这样的公司占少数）。因此，目标感强的企业比其他企业更具优势。目标感对员工的激励作用也是无穷的。

◎ 富人的世界

彼得·德鲁克曾说，我们应该像管理志愿者一样管理员工。换句话说，我们通常夸大了薪资对于员工的激励作用。当然，员工应该享有合理的薪资。如果他们业绩突出，也应该受到额外的奖励。2015 年，英国人力资源协会（CIPD，Chartered Institute of Personnel and Development）做了一项研究，结果表明，薪资过低、薪资不合理都会打击员工士气。人都需要钱来维持生活，而大多数人必须通过工作来挣钱。

过去十年发生的金融危机，让我们清楚地认识到：如果金钱成了人们的首要目标，问题也会随之出现。人们无尽的贪婪最终让我们自食恶果。如果我们不停地跟人攀比，想要过上有钱人的奢侈生活，我们只会害了自己。将来人类有更长的工作时间，这意味着我们更有可能为了优渥的薪资而把自己困在一份讨厌的工作中。如果连续 30 年甚至 40 年你都在做自己不喜欢的工作，这段时间就显得尤为漫长，而且，借用诗人玛丽·奥利弗（Mary Oliver）的话，这完全是对你“宝贵且自由的人生”的浪费。

在工作中，目标、专业技能以及自由度比金钱更值得追求。你在内心深处一定也这么认为。

陷阱 31

仅靠惩罚便可控制员工，他们不需要参与公司事宜

公司不再需要随意打骂员工的低素质管理者，员工也要积极参与公司事宜。

电影导演阿尔弗雷德·希区柯克（Alfred Hitchcock）从不拖欠演员薪资。有一次，一名非常敬业的演员问他：“您用什么方式激励演员认真拍戏？”希区柯克直接答道：“他们的薪资。”一直以来，在管理员工方面，管理者也持有类似观点。在他们看来，员工只需按要求工作即可，无须考虑太多。

美国心理学家道格拉斯·麦格雷戈（Douglas McGregor）提出的“X 理论”指的就是此类管理者，即使有些管理者并不知道这个理论。持“X 理论”的管理者不信任员工，他们认为员工会偷奸耍滑，因此必须监督他们。自早期工业化以来，管理工作应运而生，负责在截止期限之前，确保完成生产目标。“X 理论”管理方法只适用于简单重复的工作；而复杂、变故较多的工作，可能需要一种不同的管理方法。

麦格雷戈说，这种不同的方法可以称为“Y 理论”。此类管理者认为，只要员工有参与感，无须命令，他们也愿意投入更多精力，积极努力地工作。此类老板会征求员工的意见，与员工协商讨论，而不是直接下命令；同时，采用这种管理方式的公司，员工参与性较强。1960 年，麦格雷戈将这些观点写于《企业的人性面》（*The Human Side of Enterprise*）一书中。

◎ 直到员工参与度提高，惩罚制度才会被剔除

20年来，管理界较前沿、较难以捉摸的概念之一便是“员工参与度”（employee engagement）。一些调查数据也揭露了一个令人担忧的问题。多年来，盖洛普公司一直在调查员工的工作态度，结果表明，在美国，只有三分之一的员工觉得自己真正参与了工作；而在世界范围内，只有13%的员工积极参与工作（Clinton，2017）。很多员工对自己的工作并不上心，认为公司是个很无聊的地方，因此威慑对他们来说没有任何作用，管理者运用X理论，至少在中长期内可以督促员工提高业绩。在服务业的某些领域，即使员工工作积极性不高，企业依然能够运转，但无法做更复杂细致的工作。员工工作积极性如此之低，难怪那些发达国家长期存在生产率低下的问题。

◎ 员工参与度的真正含义

员工参与度本质上是一个抽象且难以衡量的概念，引发了一些正当的质疑，其中最引人注目的质疑者是伦敦大学玛丽皇后学院（Queen Mary University of London）组织心理学教授罗布·布林纳（Rob Briner）。布林纳教授向员工敬业精神的倡导者提出了两个基本问题：

1. 员工参与度增加是否能提高绩效？

2. 管理者采取强制措施是否提高了员工参与度，并最终提高了绩效？

在他看来，我们并不能给出肯定的答案，因为没有强有力的证据来支持这些主张。然而毫无疑问，盖洛普这样的研究公司对此提出了质疑。盖洛普针对员工态度和业绩的大型调查结果显示，在员工参与度高的业务部门，旷工率可能会降低40%左右，生产率可能会提高17%。而在员工参与度高的企业中，每股收益可以高出四倍，等等。

类似于X理论和Y理论之间的差别，对于态度坚定、真正持怀疑态度的人来说，任何数据都无法证实所谓的“参与度”能够衡量企业业绩，或对其产生可持续的影响。而管理者则乐于将员工敬业精神作为一项有价值的管理目标。但如果我们不认同参与感带来的积极影响，为什么不采用威慑管理模式呢？

◎ 如果它看起来像只鸭子，走路也像鸭子，还“呱呱”叫……

参与度低的员工是什么样子？答案是他们会有排斥感、惰性、愤世嫉俗还有绝望感。这是我们想在工作场所看到的吗？2015 年，舆观调查公司（YouGov）对有工作的所有英国人做了一个调查，结果表明，37% 的人觉得自己所做的工作没什么意义。如果你工作时怀着这种想法，那是多么可悲啊。正如法国哲学家帕斯卡尔（Pascal）所言，信念是值得我们倚仗的，因此试着提高员工的参与度应该是个明智的选择。

精确衡量员工的参与度是很难的。但是，正如美国法官波特·斯图尔特（Potter Stewart）谈到色情产业所说的那样，有些事情人们一看就明白。有些企业的员工充满干劲，有些则不然；有的员工经常提出好点子，想出提升业绩的方法，有些员工则很少提出建设性意见；有些员工享受工作，全心投入并且不断挑战自己，有些员工正好相反。前者参与度高，后者参与度低。

◎ 高参与度比畏惧感更重要

马基雅维利（Machiavelli）说过，如果你不能同时让人怕你和爱你，你应该选择前者。然而，21 世纪的工作场所不是危机四伏的佛罗伦萨，至少它不应该如此。用威严震慑下属也许能帮助你的团队快速完成某个任务。在某些领域（比如某个杂志社的编辑室），管理者依然采取强硬手腕管理员工。但这只是例外，不值得我们效仿。

当今世界，各行各业的员工都需要充实自己的知识储备、熟练掌握新技术（见陷阱 23），管理者如果认为自己可以利用员工的畏惧感做好管理工作，那他就大错特错了。企业需要的是参与度高的员工，这样的员工可以充分发挥自己的才干，同时感受到自己的能力得到了施展，而不是受到抑制。

有些管理者忧虑重重，不愿意采取措施提升员工的参与度。这样的管理者是无法带领企业成功的，早晚会输给竞争对手。这时，优秀的员工会选择跳槽，去一家新公司，新公司愿意给他们提供机会，让他们尽情施展才能。

将威慑作为管理手段、让员工畏惧的管理者才应该感到畏惧。

陷阱 32

商业案例总是有说服力的

人们没那么理性，喜欢感情用事，不喜欢逻辑思考。因此，做事情时，如果这种方式不行，那就换一种方式。

商业领域到处都是事实、数据、百分比、证据，因此管理者要保持冷静、理性思考，处理事情时要高效迅速、用事实说话，拒绝感情用事、盲目从众。如果你想说服一位商界领袖，只需要理性分析，并用过往案例向他说明此事的优点即可。

一直以来，我们都坚持这个观点。不幸的是，事实并非如此。华威商学院（Warwick Business School）教授基思·格林特（Keith Grint）表示："我们不是在理性思考，而是在想方设法地使自己的想法看起来合理。"还有人认为：人们通常先感受再思考。直觉、感受是第一位的，感受之后，我们才会找证据来证明这些感觉是正确的。

基于丹尼尔·戈尔曼和阿莫斯·特沃斯基（Amos Tversky）对"系统一"和"系统二"的研究，一些人将理性、善于思考的头脑（系统二）比作骑在大象上的骑手（系统一，基于直觉快速做出判断的头脑）。当大象想向某地移动时，骑手是无能为力的。所以，理性是左右不了人们的想法的，他们更依赖直觉。

无论如何，商业人士远远没有我们想象中的那么理性。或者说，我们往往高估了他们。在一定程度上，这解释了所谓的商业案例难以成功运用于公司的原因。而事实可能无法证明这一点。

◎ 真不敢相信你竟然会问这种问题

即使只是听到“商业案例”这四个字，员工也会感到沮丧。有些人尽力让我们信服一些不证自明的事情，但是往往他们努力过了头。商业领域存在一个明显的悖论：即使商界人士只有他们声称的一半的理性，那么，为什么公司还难以广泛推行多样化、人性化的管理模式以及灵活的工作方式呢？你可以列出转变工作方式的潜在好处，可以指出30多岁的女员工请产假，或者生完孩子后辞职的问题。通过这些问题，你可以发现你对种族多样性一无所知。长此以往，你就会错失大量优秀员工，无法培养创造性的思维及行为方式，也不能满足客户的需求。

但真正改变的是什么呢？“商业案例”有多大说服力？女性高管是否有所增多？在企业招聘的职工中，女性职员占比超过50%，这些女性员工10年以后是否会离开公司？你的公司里仍然是白人员工居多吗？你的公司是否允许员工采取灵活的工作方式？当探讨“商业案例”时，高管们会在会议上频频点头，但随后就将其抛之脑后，从好的一面来说，这种做法可以理解为懒惰，从消极的一面来说，就是高管们表面上支持却在背地里施加压力。这些严肃、理性、公事公办的管理者发现，商业案例在本公司完全行不通。

维持现状意味着人们的既得利益不会受损，因此，直到现在，当理性与偏见发生碰撞，或与想要维持现状的自私本能发生冲突时，人们就无法继续保持理性。

最近，当一位经验丰富的猎头被问及，为什么务实的管理者们并不重视商业案例时，他震惊的表情令人印象深刻。他说：“我真不敢相信你竟然问这个问题。”在他看来，答案是明摆着的，不管他们对外如何宣称，商业领袖永远不会仅受一个简单的商业案例的影响，就去做任何他们不认同的事情。（对自然资源的有效利用可能是例外，这种情况下，只需简单直白地论证节约资源可以降低成本，领导者们就会采纳这一建议并做出改变。但它涉及的是金钱层面的节约，跟可持续发展的商业模式无关。）

◎ 现实一点

那么，商业案例已不再有用武之地了吗？不一定。事实证明，商业案例虽然没有太多用处，但管理者可以借“商业案例”的名义，来讨论一些敏感话题。

例如，每当遇到多样性或者机会平等这类的问题，一些领导觉得出于道义自己有必要把事情处理好。但是在他们所处的工作环境中，过分强调道德感可能是不合时宜的。例如，在有些场合，领导者如果过分注重道德层面，他的话语就会显得分量不足，也不利于解决财政问题。

伦敦大学（University of London）的刘易斯·艾舍利（Louise Ashley）博士认为，在这种情境下，谈公事能让经理们免于和下属进行道德层面（因此容易让对话者尴尬）的对话。人们似乎都明白所谓“公事”只是个幌子而已，但是，比起直接争论道德层面的问题，以谈公事的名义进行对话显得更有目的性，也更中立。

◎ 脑袋和墙的较量：谁会赢？

我们敬佩那些坚持不懈地投身于正义事业的人。有的时候，只有那些不那么理智的人才能改变这个世界。过去三十年来，管理者们一直借助于“公事公办”的态度，是时候采用一种更有效的方法来管理员工了。

仅靠公事公办是不能处理好工作的。这一套早已经失去效力，员工们早已看透其本质。

有时，我们必须去做正确的事情。如果管理者不希望下属一听到“公事”二字就感到怀疑和厌烦，他们就应该采用更有效的办法。这么做不是为了遵守法律，也不是害怕因为违反法律受到惩罚，而是因为这是我们应该做的事情。

作为管理者，你应该尽量避免用谈公事的口吻去说服上司采取某项行动。相反，你只需简单明了地告诉上司，你想做这件事是因为它值得你去做。他们给你的回应可能会让你惊喜。如果上司的回应很冷淡，也许你应该考虑换一家公司。

陷阱 33

公司没有错，错的是员工

真正让员工出错的是公司制度，所以一旦事情出错，你要从公司制度上找原因，而不是把出错的员工推出来当替罪羊。

从高层管理者的视角，我们很难公正地评价一家公司。亨利·明茨伯格说过：“高层一向目中无人，所以他们往往很难接触，因此要多关注底层员工，才能对公司做出评价。”事实真相往往经过层层过滤和审查才会报给高层，所以他们得到的信息并不一定都是真实的。顾问给你提出的建议，可能是他们认为你想听的内容，当然，这是专业顾问留住客户的一种方式。但正如那些冒牌裁缝告诉没穿衣服的皇帝，他正穿着一件华丽惊艳的新衣服一样，这些建议只会让你的不足暴露在公众面前。事实上，传统的公司结构、工作流程往往会造成一些假象。

一旦事情出错，人们习惯于直接揪出罪魁祸首。高管们常常这样安慰自己：不是我们的错，是底层员工的错；整个公司制度没有什么问题，就是那几颗“老鼠屎”，祸害了我们。

但这种做法不仅逃避了真正的问题，而且过于敷衍了事，体现了高层的自私自利。金融危机爆发前，苏格兰哈里法克斯银行（Halifax and Bank of Scotland，HBOS）集团监管风险负责人保罗·摩尔（Paul Moore），曾在一份报告中透露，销售目标设计不当、风险控制不力正危及银行的正常运营（摩尔，2015 年）。由于此事，摩尔于 2004 年被解雇，但四年后，该银行的确面临危机，急需紧急救助（由劳埃德银行提供）和大规模政府救助。

高管们很容易把摩尔的警告当作无能同事的抱怨，而不予理会。（摩尔承认自己的无能。）但是，由于管理层将注意力局限于这个“让人讨厌”的同事身上，而没有及时发现公司管理体系的漏洞，没能做好本职工作。

2016 年，安东尼·希尔顿（Anthony Hilton）在《标准晚报》（*Evening Standard*）对这一问题进行了很好的总结。他写道：“像哈里法克斯银行这种规模的公司居然都能发展到一盘散沙、难以管理的地步，这就是为什么领导者喜欢利用目标和‘激励措施’来团结人心。”

希尔顿补充说：“但这些体制都很糟糕，它们能诱发员工性格中不好的一面，破坏企业文化，助长不良行为，强化员工的种族意识和利己主义倾向。”企业内部可能有一些害群之马，他们是不良体制的产物。

◎ 系统思维

我们需要将企业视为一种系统，它催生了企业文化，是员工工作的场所，也是企业实现宏图的地方。系统中的工作流程和输出才是最重要的。受到大野道太一（Taiichi Ohno）的启发，丰田不断壮大规模，但当其在业界占据主导地位后，该公司却开始违背其主导理念，走上截然不同的发展道路。

已故的拉斯·阿克夫（Russ Ackoff）曾是宾夕法尼亚大学沃顿商学院（Wharton School at The University of Pennsylvania）教授，他为系统思维概念在西方的普及做出了卓越的贡献。他唾弃一些自命不凡的管理者，他们将企业的失败归咎于能力欠缺的员工。员工们需要完成什么工作？工作流程是什么？员工们犯错误后能从中吸取教训吗？这些才是一个具备系统思维的人会思考的问题。

阿克夫曾说，很多管理者总是在错误的道路上越走越远，然而他们真正应该做的是不畏失败，探索一条正确的道路，并在此过程中不断进步。最重要的是，要认识到你身处系统这个整体中，你没有权限调整系统的一部分来解决问题。这就像给一辆无法驾驶的汽车装上功率过大的发动机一样，你必须把汽车作为一个整体来考虑。

这对管理人员如何协同工作具有启示意义。阿克夫曾经讲过，他参观了美国一家著名的汽车制造企业，先采访了底层员工，再采访更高层级的员工，每个员工都告诉他：“我必须晋升到权力更大、影响力更高的职位。”最后他终于见到了首席执行官，后者告诉他：“你应该跟我的下属聊聊——我所取得的成就离不开他们对我的帮助和支持。”首席执行官和下层员工共同构成企业这个系统，然而他们似乎都没有意识到这一点。

◎ 你的诉求对我们并不重要

如果你也有过和服务中心的人员交涉的糟糕经历——很可能 99.8% 的读者都经历过——你的第一反应也许是抱怨那些客服人员，对于你的咨询，他们总是无法给出一个让你满意的答案。但是，这并不是客服的责任。服务中心的工作流程漏洞百出，跟客户直接沟通的客服无力对其做出改善，这也就注定了来电的客户享受不到优质服务。客服只是工作链上的最后一环，他们能做的很有限。事实上，客服们很可能在上级的督促之下，希望以最快的速度打发来电咨询的客户，把其转接给同事。这最终导致了所谓的“失败需求”（failure demand），这一概念由著名的系统研究者约翰·塞登（John Seddon）提出，指的是系统无法解决客户的问题，反将客户困在其中。这也催生了大量无效工作，实质性问题一个也没得到解决。在这种情况下，出问题的不是员工，而是企业这个系统。

◎ 梦幻岛

2015 年，丹麦作家路易斯·卢易迪克（Joris Luyendijk）出版了《与鲨共舞：探索银行家生活的奇妙世界》（*Sharks*：*My journey into the alarming world of the bankers*），该书获奖无数。在书中，路易斯向读者描述了困住金融家们的非道德系统。他花了两年时间，为《卫报》的“银行家专栏”采访了 200 多人，后来他将这些素材整理集结成书。

他设想了一个场景，假如把一个系统里现有的人员全部换成没有一点道德瑕疵的另一批人，情况会是如何。他在书中写道：“我相信，假如我们把伦敦的所有居民都送往沙漠，然后在这座城市引入 25 万新居民，老居民中存在的问题，诸如霸凌和玩忽职守，马上会在这些新居民身上重演。因此，问题出在系统上，与其谴责银行家们在系统施加的影响下犯错，我们倒不如集中精力，想办法改善系统。”

然而，距金融危机爆发已有快十年，金融系统仍没有发生根本性的改变。如今，人们仍然在追逐收益，甘愿为了微薄的利润冒极大的风险。看来下一波危机离我们不远了。

陷阱 34

我们已经彻底解决歧视问题

公司高层仍以白人和男性员工为主，因此，如果有人声称已经彻底解决了职场歧视问题，那他就大错特错了。

根据人权运动组织（Human Rights Campaign）的一项惊人数据显示：在美国，62% 的 LGBT（同性恋、双性恋、变性人）毕业生表示，他们在大学时公开了自己的特殊之处，但他们觉得一旦进入职场，有必要再次隐瞒自己的信息，这种现象值得反思。在大学生涯中，年轻人享受的是自由平等的待遇，而一旦开始工作，却因担心受到歧视，不得不隐藏真实的自己。

人生的第一份工作，可能非常具有挑战性。你要学习很多新东西，要适应职场处事方式。在残酷无情的职场环境中，你不得不隐藏自己，这些听起来就很可怕的事实，只会进一步加剧你的职场压力（Sandhu，2014）。

以白人为主的公司里，BME（black and minority ethnic，黑人和少数族裔）员工丝毫没有公平竞争高职位的机会。很少有黑人、少数族裔员工成功升入管理层。富时 100 指数股份公司只有两位非白人首席执行官，甚至比女性首席执行官的人数（7 位）还要少。公共部门也存在这样的种族歧视。在英国，只有 2% 的英国国家医疗服务（Nationd Health Service，NHS）信托基金由黑人或少数族裔担任主席，占英国人口（和 NHS 员工）极小比例。员工们一旦走进办公室，一眼望去全都是白人，尤其是在高层中，这种情况更为常见。

◎ 改革迫在眉睫

经过几十年的争辩、竞选、抗议和局部的立法改革，我们才认识到女性高管的匮乏对企业有多大影响。陈旧的保守主义和传统的偏见仍然存在；经济上的不平等，体现在城市的高房价上，一个人的出身对其人生的影响愈来愈大，这进一步加剧了经济的不平等性。

在过去20年间，革新派备受鼓舞，然而保守派一直在声讨“政治正确”，但我们要正面迎击这些冷嘲热讽。唐纳德・特朗普（Donald Trump）在竞选期间大力抨击政治正确的言论，并最终成功当上美国总统。但是，公平、公正、尊重、机会平等、体面以及人的基本素养都不应该划归“政治正确”的范畴，它们是构建一个美好社会、美好职场的必备元素。

我们也许厌烦“配额制”，但是，引用一句据传出自前任欧盟委员维维亚娜・雷丁（Viviane Reding）的话：“如果他们可以采取措施改变现状，不管怎样都比置之不理强。”有些领导拒绝采取行动去营造一个更加公平公正的工作环境，有些领导虽然愿意采取措施，但是在这方面的努力还远远不够。领导者们有的意识到了自己的偏见和思维盲区，有的还没有意识到。然而，即使那些认识到工作环境中存在歧视问题的领导，也不愿去付出努力改变这种情况。

遗憾的是，为争取机会平等做出的努力尚未取得任何明显的成效。当今政治局势一片动荡，有些人借机发表不当的言论，这时我们有必要诉诸法律，把机会还给那些有真才实干却遭受忽视的少数群体。这不是没有意义的废话，而是促进经济发展的良药。

陷阱 35

高层是公司发展的主要力量

人们往往过于重视高层管理者，然而，底层员工才是更加需要关注的对象，因为他们才是推动公司发展的真正力量。

毫无疑问，在一家公司中，管理者至关重要。在公司会议上或者面临重大决策时，他们拥有最终决定权；没有他们，公司就无法盈利。所以，在人们眼中，他们就是公司权力的象征，然而这种看法却是具有误导性的。管理者的头衔听起来不错，薪资也很高，但是他们真的有那么大能力吗？

在接受采访时，琳达·格拉顿教授告诉我们（见附录6）：“在管理工作中，我们倾向于按等级划分员工，其中管理者等级最高。但实际上，管理者只是某项任务的负责人，他们制定一些规章制度，并督促员工遵守这些制度。”

事实上，我们过于关注管理者的权力，而忽视了公司的实际业务、推动公司发展的真正力量，也忽视了底层员工、负责与客户洽谈的销售人员。业绩更高、能迅速有效地提供公共服务的员工，才是公司发展的真正力量。

随着教育水平提高、工作复杂程度加深，员工的素养也不断提高，能力逐步加强（如果管理者能意识到这一点的话）。中层管理者和监督者不应诚惶诚恐地等着高管下达指令，也不应费尽心思地避免高管的谴责，而应该多关心他们的同事。底层员工决定着公司的成败，所以必须重视他们。

维尼特·纳亚尔（Vineet Nayar）是印度信息技术外包公司HCL的前任管理者，他提出并推广了“员工第一，客户第二”的企业理念（Nayar，2010），该理念的核心在于认识到企业力量和价值的真正所在。公司通过销售产品，完成交易来获取利润；而只有与客户打交道的员工自信满满、积极做好本职工作，并让客户满意，公司才能完成交易获取利润（网上购物并没有彻底改变交易的性质，我们仍需继续关注普通员工）。

管理者应该意识到员工对于企业发展壮大起着关键作用，也应该理解他们可能会以优秀的工作能力为企业带来荣誉，也有可能以糟糕的表现危及企业。员工有权得到尊重，不能采取强制措施令他们感到恐惧。

◎ 员工的不满

2016 年，英国的脱欧公投和特朗普当选美国总统都在各自国家造成极大震动。这也验证了巴斯大学管理学院的院长韦罗妮卡·霍普·黑利（Veronica Hope Hailey）的理论：小人物也会有大作为。这两种结果是大多数“精英”管理者意想不到的，它们更像是一场来自底层的抗议，目的是让管理者们知道工人们已经受够了。高层们对外宣称公司一切都在好转，员工们应该信任管理者，支持他们继续掌权，这种说法很荒谬，在大西洋沿岸任意一个国家，都会被嗤之以鼻。

琼·威廉姆斯（Joan Williams）是加州大学赫斯廷斯法学院（University of California，Hastings College of Law）的教授，正如他在《哈佛商业评论》上一篇著名的文章（2016 年）中所写，在许多选民看来，希拉里·克林顿（Hillary Clinton）似乎是“愚蠢傲慢和自以为是”的专业精英的典型代表。她写道：“相比之下，特朗普承诺要建立一个没有政治正确性的世界，像从前一样，男性和女性各司其职。他的支持者虽然都是弱小的底层人士，但却逐渐变得强大起来，从前他们觉得自己是失败者，直到特朗普出现，他们才有了自信。”

在英国，一年前在大选的民意调查中没有投票权的 300 万选民，如今在脱欧公投中发挥了举足轻重的作用，民意测验专家也没有预料到这种情况。他们展示了底层人士的能量，也引起了上层人士的注意。这场运动导致首相戴维·卡梅伦下台。他的候选者特蕾莎·梅（Theresa May）曾不支持脱欧运动，但尽管身处高位，她还是遵循了大多数投票民众的意见。这是“我身为他们的领袖，就必须要追随他们”的经典案例。那么在这场运动中，到底是高官发挥了巨大作用还是普通人呢？

◎ 赋权给员工

许多管理者仍然不由自主地想要升入更高的职位。诚然，升职意味着更优渥的薪水，但同时也意味着更大的责任、更多的压力、更少的时间去陪伴家人……另外还有一点，一旦失败，你会失去更多，毕竟爬得越高摔得越惨。

有些管理者的工作时间长到让人难以置信的程度，他们的邮箱里总是塞满了邮件，他们的工作日比其他员工漫长得多。在如此繁忙的日程安排里，管理者们还必须留出一部分时间，去思考重要的问题。或许一味地追求升职本身就是错的，或许对许多人来说，升职根本就不是一个好的选择，只是大多数人完全没有意识到这一点，或者只是不想承认。

无论员工身处企业的哪一层级，他的工作都应该得到尊重。对许多管理者来说，一旦他们能认识到平凡工作的意义和价值，他们就能在自己的职业发展道路上收获更多成就感和幸福感。何不把注意力聚焦在一小部分简单却重要的工作上呢？何不试着提升基层员工和客户的幸福感呢？顺着这种思路思考，工作中的很多问题就会迎刃而解。

过去，我们常将企业比作权力金字塔，认为最激动人心的事业和最大的荣耀都是属于塔尖上的人的。然而，虽然高层看起来拥有至高无上的权力，但是底层员工的力量却远比看上去的大得多，他们可以推动企业的良好运行，他们才是公司中真正脚踏实地办实事的人。

有些人对升职怀着极大的野心，他们想方设法想要赶超自己的同事，将他们视为竞争对手而不是合作伙伴，既然如此就让他们去追逐更大的权力好了。当然，也有些管理者不愿意每天乘电梯去位于顶层的私人办公室上班，反倒更愿意坐在位置稍低的楼层，他们也许才是更明智的。他们通过与同事合作，将工作圆满完成并收获成就感，而这恰恰是一个优秀管理者最应该做的。

陷阱 36

只要任务表述清楚，员工在执行时就不会犯错

我们都是凡人，是人就会犯错，因此第一次犯错可以原谅。管理者要严格要求下属，但同时也要保持耐心。

员工态度调查结果往往不尽人意，和普通员工一样，管理者也不敢相信这一事实。他们拿到反馈结果时，往往心灰意冷，因为反馈显示，尽管经过了不懈的努力，但员工仍不相信公司承诺的发展前景。这时，老板可能愤怒不已，在办公室里大发脾气："不是已经跟他们沟通过了吗？我花费巨资印刷宣传手册，举办过专门的宣传活动，定期给所有员工发电子邮件，告诉他们公司近期业务。为什么他们还是不满意呢？"

普通员工的生活紧张忙碌，有时会因各种事情分心，有时也会怀疑公司。刚进公司时，他们工作自主性很大，因此对工作充满热情。然而，大多数情况下，员工会觉得高层下达的指令未必合理（只有经过时间的检验，他们才会改变这种看法），也不会去阅读宣传手册和电子邮件。

高管培训师迈尔斯·唐尼（Myles Downey）认为："沟通是交流的结果，而不是为了交流才去沟通。"（与作者交谈时说道）。这是一个很好的观点。仅仅进行口头上的交流是不够的，直到人们听到、理解并认同了你的观点，才会进行有效沟通。同时，沟通过程中传达的信息应当是可靠的、容易理解的。长期担任宝洁首席执行官的雷富礼（AG Lafley）说，当试图与员工沟通时，他的观点像"芝麻街"（Sesame Street）的语言一般简单易懂（萨顿，

2008）。他并非自视甚高，只是意识到员工工作繁忙，没有太多时间处理新信息。这是一种管理策略，而不是对员工的蔑视。

人力资源专家戴夫•乌尔里希（Dave Ulrich）建议，“领导者应该将同一条信息重复讲解十次，这样员工才能真正理解。”（斯特恩，2009 年）虽然很多人并不赞同反复重申同一信息，但现实如此，领导人必须要这样做。

◎ 人都有脆弱的一面

汤姆•彼得斯是一位精力充沛且极具才华的管理大师。2016 年，在伦敦卡斯商学院的一次活动上，他谈到了员工很难把工作做好等问题（见附录 9 对汤姆的采访）。晚会快结束时，有人提问道：“既然有无数像您这样的大师长期探索管理问题，也有众多优秀的管理者和领导者都致力于做好工作，那么为什么公司的业务还会出差错呢？为什么员工不能从自己和同事的错误中吸取教训呢？”

彼得斯停顿了一下，然后嗓音洪亮且真诚地说道：“我不知道！”

观众们哄堂大笑。但是，彼得斯成功地用这种轻松的口吻传达出了很重要的信息（这也是彼得斯最擅长的）。人类不是机器，有很多弱点，也经常犯错误。而那些由员工构成的企业，同样也不是完美的，系统也会经常出错。尽管企业有自己的管理层，但情况也不一定会有所改善（彼得斯在管理学领域已经探索了 40 多年，依然没有找到最好的解决之道）。我们应该再重复一遍彼得•德鲁克的那句名言：“很多所谓的‘管理学’实际上反而让工作变得更难了。”

因此，如果同事在工作中犯了错误，我们不应该对他们太苛刻。虽然反复犯同样的错误让人难以忍受，但是，在刚进入一个新领域，对一切都不甚熟悉的情况下犯错是人之常情。而且，唯有经过多次的失败和尝试，我们才能学到新知识，提出新点子。

丘吉尔首相在处于人生低谷的时候，也许曾因为他口中的“人类的无可救药和让历史反复重演的人性弱点”而深感绝望。但是我们不必保持如此悲观的态度，对我们的同胞如此苛责。我们应该用更实际的态度看问题，坦白承认：错误是不可避免的。然而只有经历过失败，我们才能有所进步。

陷阱 37

你要不断更新和尝试新的管理理念

不要轻信那些时尚的管理理念，因为几分钟后又会出现更时尚的理念。因此，我们只需坚持最初的管理原则，无须过度追求流行。

关注竞争对手的动态是人之常情，有利于公司的健康发展。他们抢先推出新产品了吗？他们找到秘方了吗？长期以来，食品公司一直致力于研发、保住其独家配方，无论是可口可乐的“7X”，肯德基的“11 种草药和香料”，还是麦当劳的“巨无霸酱”，都是如此。（当然，还会有比这些更健康的秘制酱料。）

商业领域的竞争异常激烈，一想到竞争对手可能采用某种绝佳的管理模式，管理者们就会嫉妒发狂：“他们知道哪些我们不知道的管理模式？他们要赶超我们了吗？”

在一定程度上，这种紧张情绪解释了管理者热衷于新兴管理理念的原因。和宗教有点类似，管理学的所有新想法几乎都是凭空出现的，但很快就会受到人们的追捧。一种新理念产生不久后，杂志会登文报道，各大公司相继召开会议进行讨论，管理咨询公司也忙于制作各种营销材料，这些都表明，长期以来，他们一直推崇该理念。而那些赶时髦的管理者，他们就像奇想乐队（the Kinks）所唱歌曲里那位专注于时尚的跟风者一样，上个星期穿着圆点花纹的衣服，下个星期又换成条纹衣服。

人们一直致力于研究更有效的管理方式，这种强烈欲望导致了对管理时尚的不懈追求，但这是不幸的。自泰勒首次将他的“科学管理”思想编纂成书，一百多年来，大量的管理书籍和理论相继问世。管理咨询行业从中获益匪浅：如果没有大量的“时间与动作”研究（旨在研究效率最高的工作方法），大型咨询公司就没有那么多谈资，也不会有那么多顾客。

◎ 新理念需要反复审视

埃里克·亚伯拉罕森（Eric Abrahamson）是纽约哥伦比亚商学院（Columbia Business School）的一名教授，和大多数人相比，他对于新兴管理理念产生和传播的研究更加全面（亚伯拉罕森，1991）。他将其描述为一种“暂时性的集体信仰”，即一种新的（或重新发明的）管理实践，它将利于管理。也就是说，并非所有新兴管理理念都毫无价值，只有少数是荒谬至极的，大多数还是有可取之处的。但是，一旦人们对新兴理念不加批判地全盘接受，就像皈依宗教一样，问题也就随之出现，那时，该理念只是一种单纯的信仰，而非基于实践的管理方法。企业经营是个复杂的问题，肯定没有简单的解决方案。但毫无疑问，一个繁忙、随时需要处理棘手事件的高管，会忍不住想要寻求一种全新的、简单的方法，希望借此提高（甚至确保）成功的概率。企业经营是个复杂的问题，肯定没有简单的解决方案。但毫无疑问，一个繁忙、随时需要处理棘手事件的高管，会忍不住想要寻求一种全新的、简单的方法，希望借此提高（甚至确保）成功的概率。

◎ 管理理念的简史

在1911年出版的《科学管理原则》（*Principles of Scientific Management*）一书中，弗雷德里克·威廉姆·泰勒（Frederick William Taylor）认为，如果你以机械的视角看待员工的工作表现，那么你会认为每个员工都能提高效率。这种逻辑是残酷的，管理者不应该这样对待员工，但员工们确实需要不断地做重复工作。新兴产业如汽车制造业，其大规模的生产线是泰勒主义在现代的体现，另外，如今那些看似现代化的工作场所，却更进一步地诠释了泰勒主义。

因此，如今的管理模式并不科学，也不先进。但它确实帮助建立了一门新的专业学科——管理学，它是值得研究和学习新思想的学科。它开创了“管理咨询”这一新兴行业，这一行业的大师以前被简单地称为“成本会计师”。20世纪30年代，麦肯锡将其重新命名为“会计师和工程师”。

日本的战后重建中，爱德华兹·戴明及其同事提出了全面质量管理（Total Quality Management，TQM）的思想。全面挖掘优秀员工，利用他们的技能，来不断提高企业的生产率，这些想法引起了日本企业的共鸣，但矛盾的是，事实证明，在西方，持有这样想法的企业往往运营不善。20世纪80年代，人们过度吹嘘全面质量管理的优点，而这些优点并未落实，反而在很大程度上削弱了员工对先进管理行业的信心。然而，平心而论，就像很多先进事物一样，决定其成败的与其说是创意本身，不如说是执行创意的过程。

在20世纪50年代末和60年代，“目标管理”（MBO，Management By Objectives）的概念也曾风行一时。管理作家彼得·德鲁克推广了一种被广为接受的理念，即团队目标要有针对性，一项业务中的不同目标可能会相互冲突或彼此不兼容；团队没有完成目标时，可能会利用这个体系假装完成目标。这种理念基本上是合理、明智的。

在20世纪80年代和90年代初，面对经济下行的局势，管理者不得不采取坚决的措施。20世纪80年代，大企业纷纷打着“精简企业”的旗号大幅裁员，迫使数万员工下岗。到了90年代，企业界掀起一股“企业流程改造”（Business Process Re-Engineering）的热潮，这在一定程度上为大幅裁员正了名。有些管理者想要在企业实施大刀阔斧的改革，他们便可以以此理论作为依据。然而，企业改造的理论很简单，把它落实却很困难。

这股浪潮不久就逆转。20世纪90年代末，由于互联网和所谓的“新经济”的兴起，企业界又转而崇尚一种更有人情味的管理模式。在新兴互联网公司内部，到处可见台球桌、懒人沙发还有滑板（见陷阱43）。遗憾的是，企业的盈利并未因此而大幅提升。之后，随着经济再一次呈下行趋势，管理者又变得不讲情面了。人们过度吹捧“精简职员”的好处，然而这种模式未免有些苛刻和死板。现在，管理者更加注重“灵活性”而不是“精简职员”。有些管理者开始尝试采用一种所谓的“后等级化自组织”（见陷阱7）。你可以留心一下此时企业界正在流行什么新的管理模式，然后你就能对21世纪初风靡过的管理模式有一个系统的了解了。

◎ 沉着冷静，继续前进

不要过于忧虑，放轻松。正如前面所述，新的管理模式、理论会源源不断地涌现。在所有经济领域中，管理学领域似乎永远不会面临生产力（有时还包括质量）方面的问题。

有新想法是好事。花些时间思考它们对管理者是有益的，将某些想法应用到现实中或许也有好处。但是，有些新想法尽管听起来很不错，却还没有经过现实的检验，然而人们却纷纷趋之若鹜，这种情况下管理者应该更为谨慎。

对于那些对大趋势（即将面临的巨变）的预测，管理者尤其要警惕。对一个野心勃勃的权威人士来说，他们最适合对 20 年后的事件做出预测，因为 20 年距离现在不算遥远，不至于让预言者们无从下手，但同时距离现在也不算近，这样他们的预言无疑会笼罩上一层神秘色彩。而且，即使预言者所做的预测并不准确，20 年后也鲜少有人记得。即便如此，一直有人通过预测未来赚得盆满钵满。正如作家玛格丽特·赫夫南（Margaret Heffernan）所说：“虽然没有一个人有穿越到未来的能力，但他们似乎都知道未来会发生什么。”（见附录 7 作者对玛格丽特的采访）

管理者们要牢记：人性并未改变，因此管理人面临的问题和挑战也没有变。尊重员工、倾听他们所言、设立明确可实现的目标、适时提供恰当的反馈，这些关于人类的永恒真理比管理学的新理论重要得多。

有一个流行的管理学理论是本书赞同的：管理学是关乎人的一项重要活动，对经济的发展和人的幸福感有至关重要的作用。管理者们应该多多思考，努力做好管理工作。虽然很不可思议，但就是这么简单。

陷阱 38

你的言谈举止必须表现得严肃、成熟

语言表达不清是思维混乱的表现，因此与人交谈时，要言简意赅、少说行话。

据说，一切职业都是针对外行的阴谋。一百多年前，乔治·萧伯纳（George Bernard Shaw）首次提出这一观点（萧伯纳，1906），当时世界上并没有管理顾问这一职业。而如今的管理界到处充斥着管理术语和专有名词，如果萧伯纳生活在今天，他应当也会习以为常。虽然，每天都有人因言语不当而犯错，但管理者犯下的错误却是最令人发指的。

为什么会发生此类事情呢？部分原因是对速度的过度追求。既然有大量的行话信手可得，谁还会抽出时间思考新的表达方式呢？这就是行话的问题所在：一旦开始依赖行话，表明你已经停止思考。当然，全面禁用行话也不是明智、可行的做法。有时，行话确实可以准确地表达你的想法。但是，在使用像英语这样的语言时，你的表达可以丰富多彩一些。

◎ 融入团队

有些管理者只是机械地重复其他管理者的说法，而没有自己独特的语言，这反映了他们的不自信，相当于在说："正如你所看到的，我和你以前见过的那些管理者没什么不同。"管理者使用人们普遍认可的语言，是为了快速融入管理层。但作为一个独立的个体，只有自主地选择语言，才能让你脱颖而出。

◎ 学会表达

同事们原本就没有太多的时间关注你，你还用冗长的话语浪费时间，这是一种错误且可耻的做法。他们的电子邮箱本来就有很多内容，你发给他们的文件应该简明易懂、清晰准确，而且应该切中要点。

1945 年，乔治 • 奥威尔（George Orwell）写过一篇文章，题为“政治与英语”（*Politics and the English language*），如果你想提高自己的语言表达能力（口语表达、写作能力），你可参阅这篇文章。正如我们从题目所看到的一样，这篇文章主要论述了政治修辞。对于那些必须向团队、潜在客户发送备忘录或做简短陈述的员工，这篇文章也提出了一些实用建议。

奥威尔很清楚：“现代英语，尤其是书面英语，由于通过模仿传播，充满了不规范用语，但如果一个人愿意刻苦努力地学习，这些恶习是可以避免的。只要摆脱了这些恶习，他就能更清晰地思考。”

为了避免这种问题，他提出了六条规则：

1. 切勿使用你在书籍上常见的隐喻、明喻或其他修辞手法。

2. 能用短词，则不用长词。

3. 精简句子，把累赘的词汇删掉。

4. 能用主动语态时，就不要用被动语态。

5. 能用日常英语中的对等词时，千万不要使用外国本土化的短语、科学词汇或行话。

6. 即便不遵守这些规则，也不要用本地化的英语。

◎ 商业会议原则

阅读完这些规则后，让我们来看看一些商业术语、短语，以及那些不符合这些规则的反面例子：

- 名词用作动词（Nouns used as verbs）：例如“某事有影响”，跟“某事影响你”是不一样的；“事情会浮出水面”与“我们试图将其浮出水面”也是有差别的。名词与动词都有其独特的意义，将它们区别开来才是明智的做法。

- 深度探讨（Drill down）：只要你不在石油钻塔上工作，那么在任意领域里，你都不需要进行深入研究，直接调查研究事情的真相即可。
- 跳出固有的思维模式（Think outside the box）：你的意思是“发挥你的想象力”？那为什么不这样说呢？作家詹姆斯•沃德休森（James Woudhuysen）精准地指出（与作家交谈中），如果人们想提出更好的观点，就应该继续在自己的思维框架内思考。在你完成所有艰苦的工作之前，注意力分散会妨碍你的工作进度。
- 创造性思考（Blue-sky thinking）：听起来一点也不英国。你在这些不顺心的日子里会做什么呢？你可以把它称为创意会议，然后去完成它。
- 容易实现的目标（Low-hanging fruit，触手可得的果实）：你是在果园工作吗？如果不是，这里指的是短期成功的机会。
- 伸出手（Reach out）：指保持与员工联系。
- 回复（Revert）：指的是及时回应员工的工作报告。
- 带宽（Bandwidth）：如果你在 IT 或者高科技领域工作，你可以使用这个词，否则的话就不太合适。管理者用这个词实际上想表达“能力”或者“注意力区间”的意思。
- 自主性（Proactive）：意为“积极性”，请务必不要再使用这个词了。
- 移动指针（Move the needle/dial）：你是在实验室工作吗？如果不是，你可能是想用这个词表达“做出改变”或者“改变”之意。
- 快速处理（Escalate）：在用户服务中心，客服人员的工作手册上经常可见这个词。客服们经常承诺会快速处理客户的要求，然而通常不会给客户任何后续反馈。所以，如果员工使用这个词，他可能是想表达：“你刚才跟我说的我一点也不在意，更不会采取任何行动。”
- 行为（Behaviours）：这个英文单词是不可数的。每个人的行为方式都不同，因此我们不能对多数人的行为一概而论，也就不能用这个词的复数形式。

- 照管（Curate）：这个词遭到了人们的滥用，它实际上应该用于博物馆或者艺术画廊。如果你在其他场景下使用这个词，你应该加以解释，以便别人理解你的意思。
- 向前看（Going forward）：第一个发现人们误用的是《金融时报》的专栏作家露西·凯拉韦（Lucy Kellaway）。这个词应该意为“将来”。
- 杠杆化（Leverage）：作动词时意为“使用”。
- 次优的（Sub-optimal）：意为“并未达到最理想的效果”。

◎ 课程结束

相信你已经有所领悟。你不仅要尊重和你对话的人，还应该尊重你自己。英语是一门丰富、微妙、美丽的语言，可以传达无尽的想法和感受。如果人们好好利用这门语言，它就可以发挥出最强的效力。在工作场所，人们不必用一种无趣、含义不明的方式讲话。

语言很重要，因此我们要谨慎使用，不仅要用得准确，还要用心去体会。我们要避免使用乏味的术语。一旦你的同事发现，你的每一句话都经过考量、从不讲无意义的废话、也从不用空话浪费他们的时间，你跟他们的沟通就能取得好的进展，你甚至会感到惊喜。

陷阱 39

你无法管理在外办公的员工

在管理工作中，重要的是员工做了哪些工作，而不是他们在你眼皮子底下待了多长时间。你要相信，即使不在办公室，员工也能认真完成工作。

或许，玛丽莎·梅耶尔（Marissa Mayer）在网络公司雅虎（Yahoo）的任期注定会惨淡收场。2012 年，她接管了雅虎，当时该公司正处于危机之中，而在她的领导下，公司并没有取得进步。2017 年，威瑞森（Verizon）以不到 50 亿美元（只占雅虎之前市值的很小一部分）的价格收购了雅虎。人们对梅耶尔寄予了厚望，但实际上她表现平庸，2013 年 2 月 22 日（周五），雅虎人力资源主管杰姬·赖斯（Jackie Reses）发出的备忘录揭示了这一点。

备忘录的内容为："想要提高工作效率，沟通和合作至关重要，所以我们要坐在一起工作，这就是所有人都必须在办公室工作的原因，在家工作往往效率低下，进展缓慢。我们要打造一个成功的雅虎，首先要从形式上的团结开始。"（Swisher，2013）。

希望越大，失望就越大。人们普遍认为，雅虎是一家注重创新的新时代大公司，然而它却如此重视传统工作模式，例如打卡上下班。当时，作为新晋职场妈妈，梅耶尔刚刚回到工作岗位不久，但为了长时间工作，她在办公室旁边安置了一个托儿间（她曾告诉彭博新闻社，各种时间加起来，她每周工作 130 个小时）。即使是每周只需工作一两天的员工也会收到通知，如果他们想要继续留在公司工作，就必须按时出勤。

当时，梅耶尔的这个提议，因违背了现代工作生活原则，并没有得到广泛支持。其实，如果有必要，经验丰富的老板会允许员工在办公室以外的地点工作。就连理查德·布兰森爵士（Sir Richard Branson）也开始在博客上对此提出批评。2013 年，他写道："在一个远程工作较以往更方便、更有效的时代，这种做法反而是一种退步。"然而，雅虎并非完全没有支持者，特朗普在推特上表达了他的支持："雅虎员工应当在公司工作，而不是在家工作。"（他的想法为何如此保守？）

◎ 远程监督

监督管理的命名方式也是有缘由的，指的是管理者们观察员工，留意他们的行为。虽然这个术语听起来很奇怪，但它有着悠久而杰出的历史，管理意味着管理者密切关注员工。例如，经营良好的餐厅和酒吧中，总是有一位优秀的管理者坐镇。金融危机爆发的原因之一便是，银行家没有受到足够的监督［另外，银行与赌场的经营方式不同。正如索尔福德商学院（Salford business school）教授克里斯·布雷迪（Chris Brady）所言，几乎所有的赌场都运营良好，是因为管理者风险敏感度高，且擅长处理棘手问题，因此才能持续经营下去］。

如今，管理者负责监督员工的实际业绩，而不是他们的出勤状况。他们仍然在"监督管理"，只是并不能近距离监督员工。新的在线团队合作技术，如"时间裕量"（Slack）系统，即使相隔甚远，也能让同事之间进行交流，甚至可以重现所谓的"茶水间时刻"（watercooler moments）。

对于有些员工来说，由于家庭责任、身体缺陷、高昂通勤费用的制约，每天都去公司上班是不切实际的。管理者们要记住，有的员工热爱工作，只是不喜欢去公司上班。所以为什么不允许他们在家工作呢？

面对面交流很重要，这是无可替代的（即使是高科技感十足的视频会议也不能）。但是，如果合理利用高科技设备，员工们的工作效率和幸福感都将提升。

实际上，远程办公也许能创造出极大的价值，既避免了员工在办公室里无所事事，又提高了他们的工作效率。正如兰卡斯特大学管理学院教授莫拟迪帕·塔拉弗达（Monideepa Tarafdar）所言：“现在人们有了更加灵活的工作方式，而且可以在电子设备上一直保持‘在线’状态，传统的朝九晚五工作模式已不再有意义。高科技设备有利于顺利交接工作任务以及其他事宜，这对管理者大有裨益，不仅提升了他们的幸福感，而且相较于之前死板的工作模式，这种方式效率更高。”

◎ 来自维珍（Virgin）创始人的嘲讽

并非所有人都喜欢理查德·布兰森爵士这个人，也并非所有人都把他奉为管理学领域的权威人物。但是，在灵活的工作方式和把新科技应用到工作中这两方面，他的一些想法很值得我们借鉴。在雅虎公司有这么一条内部指示：“都给我回到办公室办公！”布兰森在他的博客里表达了他对此的看法，原文如下：

> “如果管理者能够借助合适的科技手段与员工取得联系、适时交流沟通，并且在远程办公和办公室办公之间取得平衡，那么员工就能提高工作效率、承担自己的责任并且出色地完成任务。我们应该摒弃传统的朝九晚五模式。现如今，整个世界都是紧密联系在一起的，那些不能随机应变的企业是会吃亏的。”

布兰森爵士说得很对。在雅虎公司用这条指示督促员工两年之后，许多员工仍然在家中办公。雅虎的员工拒绝服从这一新规则，因为他们都知道这很荒谬。

注：我们是否说过梅耶尔在雅虎的事业将会惨淡收场？她在雅虎工作的五年间，拿到了 2 亿美元的薪水和奖金。另外她作为股东还有 1.86 亿美元进账。如此说来，你可能觉得这种收场不算太惨淡。

陷阱 40

零工经济不再需要全职员工

如果你想当老板，那就承担起老板的责任，给你的员工提供体面的工资和福利。无须弄虚作假，宣称你的员工是自由职业者。

埃森哲咨询公司（Accenture）提出了“自由劳动力”的概念。他们预测，到 2020 年，美国将有 43% 的劳动力成为自由职业者。他们发表了一系列声明，试图证明未来公司只有少量全职员工，这些声明既让人兴奋，又有点夸张，令人难以置信（埃森哲，2017）。埃森哲表示：“未来 10 年内，新一轮全球 2000 强公司中，除了高管层以外将没有其他全职员工，自由劳动力正迅速成为公司运营的主力军。传统运营方式将无法适应数字时代的变化，我们要有洞察力，同时提高员工积极性，从而为公司管理能力提供一个实时视图。”

这么说来，公司是不需要员工了吗？事实上，短期内还是需要员工的，有些关于“无雇佣关系”的宣传炒作过于夸张。劳动力市场正在发生变化，某些工作的性质也在改变，但并非所有事情都像某些管理顾问所极力宣扬的那样，会发生彻底改变。

◎ 有些事情会改变，有些却永不会变

近年来，媒体的关注点集中在所谓的“零工经济”（gig economy）、自主创业人数的明显上升、“零时工合同”（zero-hours contracts）的增加，以及永久性就业的终结。但是，英国劳工统计局（Office for National Statistics）数据

显示，有五分之四的员工（既有全职也有兼职）签的是永久合同。在英国，有470万自主创业者，和1986年相比，这一数据仅增长了3%。英国人力资源协会（CIPD，2013）数据显示，“零时工合同”虽有增加，但总数不足100万（劳动力总量为3200万），雇主和员工对“零时工合同”都表现了一定的满意度。

如今“零工经济”这个词被过度使用，甚至可以说是滥用。实际上它的使用完全取决于零工类型。一些零工确实学识渊博、薪酬丰厚，例如管理顾问、设计师、作家、IT专家等等；而其他行业如送货司机、护士、快递员、出租车司机和送餐员，他们的境况则大不相同。因此，我们很难去衡量这类经济的规模。此类工作者的性质、法律地位也颇具争议，但这种情况正在改变。在这一行业中，即使员工的收入完全依赖于一家企业，而且必须穿制服、完全服从公司指令，他们还是被错误地归类为个体户。企业声称这些员工是个体户，以大肆逃避税收、谋取利益，但这是用违法手段获取利润的一种无耻做法。

多年来，管理者一直声称员工是“他们最宝贵的财富”。然而事实上，只有部分能力出众的员工才会得到重视。正如莫里森超市集团前人力资源总监莫里森·诺曼·皮克万斯（Morrisons Norman Pickavance）所说，很多管理者都会区别对待、偏爱能干的员工。“零工经济”的到来使得劳动力市场的分化愈加明显。因此，埃森哲宣称，一种“除了高管层以外没有全职员工”的跨国企业一定会出现。

◎ 雇主要坚守职业道德

当然，对于某些企业、员工和客户来说，智能软件可以帮助他们更加灵活地处理工作事宜，是工作中的好助手。然而问题在于，有些管理者企图借此逃避应尽的责任。他们很乐于降低自己的管理成本，但是他们拒绝给自己的员工提供他们应得的员工福利，包括病假、节庆假日以及产假的薪资等等。有时他们甚至无法保障员工的基本工资，还有些时候，员工被派去处理一个额外的任务，这个任务处理起来只需要15分钟，然而他可能要花至少30分钟才能顺利完成自己手头的任务和新任务之间的交接，最后只拿到了他处理新任务所花时间对应的工资。因此，员工要想拿到工作8个小时的薪资，他必须工作整整

12 个小时。

对任何企业来说，人力成本都很高。但是，既然管理者已决定去做一名雇主，他最好承担起自己的责任，把这份工作做好。雇主和雇员的关系本来就已经面临重重挑战，如果雇主再推卸自己的责任，损害雇员的权益，他就会失去雇员的信任，降低雇员的工作幸福感。这也是客户服务中心服务质量不高的一大原因，努力在这方面做出改善对企业来说貌似是个诡异的目标，毕竟现在商业领域的竞争是如此激烈。

◎ 从人的角度考虑问题

各个公司和企业，无论规模如何，都不只是一个虚拟的概念，它们是真实存在的。它们有自己的品牌、产品、服务，也有自己的名誉和文化。而且，一般情况下它们都有自己的雇员（这一情况还将持续到未来）。因此，管理学依然是一门重要的学问，管理好员工是一名管理者推卸不掉的职责。

如果你想创业，那你早晚要招聘员工，这是一件很道德的事。人们都需要工作，因此给别人提供一份工作既是必要的，也是一件好事。

在适当的时候，你也应该灵活一点，努力减少固定成本。但是，千万不要想当然地以为一家企业已经不再需要雇员了，也不要以为未来“人力资本”这个概念会退出历史舞台，雇佣关系被其他更“具有流动性”的模式取代。

人没有那么“具有流动性”。你应该去雇用别人，然后你很可能会为他们的才干而惊叹。

陷阱 41

员工讨厌变革

事实上，员工并不讨厌变革，他们反感的是不明智、没必要且强制性的变革。

关于管理的金科玉律和陈词滥调有很多，其中，可能有一句话最为源远流长。简单来说，每当人们提及这句话时，总是深感无奈，干脆听之任之。这句话就是：员工讨厌变革。

员工确实难以管理，他们讨厌别人强迫他们工作，总能想方设法地逃避尴尬处境。首先，他们应该庆幸自己在这里找到了一份工作。

不善管理的变革者会责备员工，但是，公司已经尝试了所有的变革方式，他们也拥有了大量经验，事实证明，变革前的公司状态确实比现在好一点。

◎ 冰点还原

20 世纪 40 年代，心理学家库尔特 • 卢因（Kurt Lewin）阐释了公司如何先“解冻”，再变革，然后保持新状态。此后，管理者致力于进行能够一劳永逸的变革，但这些想法产生于一个节奏缓慢、相对稳定的年代。变革是一个正式的、阶段性的过程，而不是迅速或（看起来）几乎持续不断的过程。毕竟，我们总是听到，如今唯一不变的就是变革（虽然乍一听这句话很有道理，但实际上它是错误的，只有那些薪资丰厚的演讲者才会说这样的话）。

后来，哈佛商学院教授约翰 • 科特（John Kotter）为变革管理建立了一个框架，事实证明，这个框架极具影响力。1996 年，他在《领导变革》（*Leading Change*）一书中提出了“领导变革八步法”，许多人对此都很熟悉（尽管八步法有多种版本）：

1. 树立紧迫感。
2. 组建领导团队。
3. 设计愿景战略。
4. 沟通变革愿景。
5. 善于授权赋能。
6. 积累短期胜利。
7. 促进变革深入。
8. 推动成果融入文化。

正如你所看到的，“八步法”虽然简明扼要，但很难真正实施。

◎ 员工的状况

到目前为止，所有变革都是合乎逻辑的。当然，逻辑只是成功变革过程的一部分。正如伦敦商学院教授丹·凯布尔所说，人们已经对科特进行的项目变革耳熟能详，以至于员工们都能预见。但他们可能会发现，另一种“变革倡议”并不被大众看好。

2012 年，在接受《伦敦商学院杂志》采访时，凯布尔表示：“现在的员工比以往任何时候都更加具备质疑精神。如今的员工受教育程度更高、更加圆滑世故，比以往更加愤世嫉俗，也更与时代接轨，这在很大程度上是受到互联网和社交媒体的启发。跟领导者比起来，员工们对旧的变革模式，比如约翰·科特的‘八步法’模式更加耳熟能详。如今员工们已经经历了太多的‘变革举措’，因此他们并不欢迎变革。”

但“八步法”计划并不完善，甚至存在一个大问题。如果不能巧妙地运用这个计划，员工就会丧失发言、参与的机会，也没有足够的时间将情感和智力融入到工作中。要使它在每一个阶段都能发挥作用，就应该有足够的时间和空间来鼓励员工讨论和参与。

◎ 人们渴望改变

心理学家罗布·戴维斯（Rob Davies）有时会在他的培训课程中问学员，他们是否喜欢改变。很多人表示他们并不喜欢。然后他问：你们当中有多少人最近搬过家，重新装修过，或买过新车？几乎所有人都举手。所以人们可以轻松应对改变。他们甚至渴望改变，但反感不明智的、强加在他们身上的、没有作用只会让事情变得更糟的改变。当然，有时人们可能会习惯于使用旧电脑，但是，随着时间的推移，大多数人通常会非常愉快地适应新技术或新的工作方式。

◎ 紧迫感

约翰·科特的畅销书出版十年后，他再度谈到“变革”这个话题，讲了一个简单的故事（科特，2008）。试图告诉我们，在八步法的最初计划中，树立（并保持）紧迫感是最重要的。没有这种紧迫感，变革计划就会失败。所以必须从一开始就树立紧迫感。

但其实他的观点还有更深层的含义。紧迫感并不一定就意味着快速、不管不顾地工作。管理者需要培养一种“紧迫的耐心”，也就是说，他们应该避免引起员工对改变的过度忧虑，同时向他们传达一种紧迫感和目标感。

他写道：“紧迫的耐心是指带着紧迫感工作，同时理性看待事物。换句话说，从认识到实现某个宏大的目标需要花费五年的时间，但我们每天都在寻找机会向着这个大目标更进一步。”

科特认为，有时人们会自我感觉良好，这会阻碍实施必要的改革，而只有紧迫的耐心才能驱散这种自我感觉良好的幻觉。而且他也认为，心理共鸣和理性的论证一样重要。他说：“这种自我感觉良好通常并不是有意识地、理性地进行分析的结果，而是一种无意识的情绪。这一点很重要，因为人们通常以为，只有通过列举冷冰冰的事实，才能改变自我感觉良好的心理状态。”

科特说：“我们必须认识到改变的必要性，还要认识到我们每个人应该采取的行动。自我感觉良好是人们对自己的行为、自己有必要做，以及没有必要做的事情产生的一种感受。这一点也很重要，因为人们很可能在发现问题以后仍然保持自我良好的感觉，因为他们不觉得自己需要为此做出什么改变。”

◎ 合力促成改变

要想实现改变，整个团队要通力合作，不能仅仅指望管理者的领导或者对员工的强制措施。正如伦敦商学院的凯布尔教授所说：“集体行动不应该仅仅依仗管理者采取主动，这关乎所有成员的目标感。如果管理者不能让其他员工信服，那么这么多人是不可能合力促成一个真正意义上的改变的。”

要铭记一点：人们不讨厌改变。如果你给他们一个机会，让他们参与改变的过程，你会发现他们有能力，而且注定会应对好改变，甚至享受改变。

陷阱 *42*

大数据可以解决一切问题

不要轻信解决问题的简单（技术）方案。先进的数据确实可以解决一些问题，但我们不能因此丧失独立判断能力。

有一句非常流行的管理名言："除上帝外，任何人都必须用数据说话。"通常认为，这句名言出自质量管理大师爱德华兹·戴明（W Edwards Deming）。这是一个充满"后真相政治"、"虚假新闻"和"失控的社交媒体狂潮"的时代，因此坚持实事求是，就是为打造理性社会贡献力量。道听途说和谣言并不是数据；复杂、难断的决定应以证据为基础，而不仅仅依靠你的偏见或是异想天开。

在某种意义上，关于数据唯一有争议的地方就是，"数据"这个词应该被当作单数名词，还是复数名词（本节可能会稍微模糊这一区别）。我们真正需要的是事实真相，而且刻不容缓。

当然，在管理领域，没有什么会一直如此简单。那些不可避免的管理潮流中也掺杂着许多看似没有争议的数据（见陷阱 37），这就是"大数据陷阱"应运而生的原因，也为本节内容提供了依据。

◎ 计算机可以解决一切问题

托马斯·沃森（Thomas Watson Snr）是 IBM 的前任总裁，他曾说过（据说是在 1943 年）："我认为全世界只需要差不多五台计算机。"因这一论断，人们总爱拿他开玩笑。他可能低估了民众对大型数据机器的需求，或者夸大了这些机器潜在的数据处理能力。但这句预言（虚构却可能说明真相）提醒人们，一些关于 IT 行业的预测，即使是出自业内核心人士的预测，也并不一定能够成为现实。

所以，数据也是如此，更确切地说，大数据更是如此——“大”表示它深受时尚主义的影响。当然，大数据也有可取之处：它处理问题的能力不断提高，使人们有可能建立大量数据集成；回归分析（确定两种或两种以上变量间相互依赖的定量关系的一种统计分析方法）可以发现人类肉眼看不到的模式和联系；“大”可以给人留下印象深刻，还有人说，数量本身就是质量。

如果你遇到任何问题都去数据里找答案，那你得出的结论可能五花八门，这句话有一定的道理。如果人们过于依赖大数据集成，而不加以判断，那么事情就可能出错。

玛格丽特·霍夫曼表示：“我参加过无数的董事会，每次会议上，董事们都会认真分析各种数据。我认为没有人明白这些数据的含义，但他们必须自圆其说，他们因此具有了一种奇妙的能力。我们现在可以生成如此多的数据，但大多数情况下我们对此一片茫然。”（见附录 7）

◎ 误差幅度

有些人过度崇拜大数据，但过去几年的政局动荡，却证实了有时看似可靠的数据可能会让你失望。据投票意向数据，2015 年英国大选中，保守党“不可能”赢得多数席位，但结果截然相反。一年后，一些信誉度较高的研究公司宣称，在英国的脱欧公投中，留欧阵营明显领先，一些公司表示它们领先 10 个百分点，但最终，脱欧阵营以 4 个百分点的优势胜出。然后在 2016 年 11 月，最引人注目的是被誉为“战无不胜”的希拉里·克林顿的落选，这几乎与所有专家的意见（由高成本的数据支撑）相反。没错，她将赢得多数选票的预测被证明是正确的。但大数据集未能表明，在重要的地方，唐纳德·特朗普做得更好。同样，在英国 2017 年大选中，多数民调专家的预测也严重错误。

民意调查旨在发现人们投票意图，但它并不科学。投票是一个高度个人化的问题，很难揭示民众真正的投票意图，也很难找到不愿透露投票方式、难以联系到的人。当然，人们在接受调查后可能会改变主意。选举学家长期以来一直都认同民意调查中的数据存在“误差幅度”，在使用了范围足够大的选民样本前提下，每一项调查结果可能有正负三个百分点的误差。

民意调查可以被用来证明大数据不一定总是完全可靠，这种做法很合理。实际上，做调查的公司基本上都是市场研究公司，他们的大部分收入都来自消费者和产品研究（政治民意调查盈利不多，因为民意调查公司的营销模式往往不佳）。因此，管理者不应该过于依赖、信任市场调查数据。你凭什么确信顾客把自己的真实想法告诉了你？在亨利·福特生产出大众买得起的汽车、索尼公司生产出立体声磁带之前，人们根本没想过自己会需要这些产品。

知道这些以后，对于我们日益依赖大数据这件事你有没有新的思考？我们应该牢记哪些原则？其一，如果善加利用非量化研究方法，它至少能揭示和大数据一样多的事实。但是，最重要的是，我们必须借助经验、才智、想象力以及直觉，把数据和自己的思考判断结合起来。

◎ 大数据和直觉

人类学家约翰·卡兰（John Curran）常说：“虽然大数据很重要，人的直觉也很重要。”他代表自己的客户去跟其顾客沟通，采用一种他称之为“深度交流”的方式，研究顾客的行为，并向他们提问。这种方式不会产生大数据，但是它能让我们了解真正有价值的信息，也就是那些我们之前不了解，并且不可能通过大数据调查得知的信息。

如果我们利用的是没有价值的信息，最终也得不出有价值的结论。研究大数据得出的结论应该经受查证。算法也是有漏洞的。一个算法会按照程序员的指示工作，然而程序员有他们自己的偏见，也会犯错。如果不结合人的判断，数据本身没有多大意义。有一句流传很久的话，人们通常认为这句话出自爱因斯坦，然而实际上很可能出自社会学家威廉·布鲁斯·卡梅伦（William Bruce Cameron）：“并非所有可以量化的东西都有价值，也并非所有有价值的东西都能量化。”

1965年，诺曼·杰威森（Norman Jewison）的电影《辛辛那提少年》（*The Cincinnati Kid*）中，爱德华·罗宾逊（Edward Robinson）和史蒂夫·麦奎因（Steve McQueen）饰演的主角凭借他们的判断力和冒险精神，胜过了其他所有牌手。当时有一位牌手很擅长分析概率等数据，最终输了钱，愤愤不平地离开赌场，同时震惊于两位主角孤注一掷的冒险行为。但是两位主角清楚地知道自己在做什么，他们知道大数据有其局限性，也知道何时应该相信并坚持自己的判断。

陷阱 43

舒适的办公环境能激发员工的创造力

正如拉尔夫·沃尔多·爱默生所说："文化是一件事，文饰却是另一件事。"如果企业文化有问题，再舒适的办公环境也无济于事。

世纪之交，在万维网兴起的第一波互联网热潮（Web 1.0）中，踏板车、弹球、沙包投掷、桌上足球这些娱乐设施还不足以拯救那些新兴企业。当然，他们确实打造了一些舒适、美观又有趣的工作场所。但商界的铁律是不可否认的：没有收入（销量），就没有生意。一些 Web 1.0 新兴公司确实很有创意，但这并不能弥补它们的业绩，它们遭受了极其严重的破坏。所以，如果你在这些公司上班，做完今天的任务，就抓紧时间换一份工作吧。

只有当企业不仅拥有强大、可持续和灵活的业务模式，而且拥有同样强大、灵活的企业文化，它才会取得成功。重要的是，员工要感到满足、受到鼓舞，而仅仅依赖于舒适的办公室环境，是无法做到这点的。

◎ 我很开心

人们对"开放式"办公室寄予厚望，但这些想法至今仍未实现。拆除隔板、扩大那些令人压抑的狭小办公空间，这种想法合情合理。让空气和阳光进入办公室，用开阔、不分等级的工作区域，来缓和过于僵化的层级结构。

但嘈杂、繁忙的办公环境也会分散员工的注意力。电脑屏幕暴露在公众视野下，实际上可能会阻碍员工的创造力；同时也会侵犯员工私人领域，无法保护必要的个人隐私。

用心良苦的老板可能会花大价钱改善办公室的装饰，这确实有利于鼓舞员工士气，哪怕只是暂时的。然而，老板们可能会把员工的幸福感错误地归因于办公室的美观，却忽视了更重要的影响因素，如工作保障、薪资公平、待遇体面和工作满意度。2016 年，美国人力资源管理学会（Society for Human Resource Management）做了一项调查，结果显示：薪资、前景、信任和受尊重感给员工带来的幸福感最大。但是，你无法把“工作保障”这类因素具象化，所以人们往往把员工幸福感提升归因于美观的办公环境。

与此同时，毫无疑问，适宜的环境有助于员工调整到最佳状态。一直以来，美国高科技公司 SAS 的创始人兼首席执行官吉姆·古德奈特（Jim Goodnight）博士都坚信，提供一个舒适的工作场所将有助于员工更好地工作（斯特恩,2005）。他是第一批在工作中提供所谓的礼宾服务（干洗、理发等）的管理者之一。脸书和谷歌等科技巨头也效仿了他的做法。

◎ 苹果的高科技工作场所

最高端的高科技工作场所由苹果公司在加州库比蒂诺建立。露西·凯拉韦（Lucy Kellaway）在英国《金融时报》上称赞这座新建筑是成熟经济下的产物。它是现代化的、明亮的、宏伟的建筑，也不再像 Web 1.0 时代的建筑那般随意，事实证明，这种建筑虽改变了人们的一贯看法，但也是一种死胡同。据报道，这座建筑耗资 50 亿美元，应当是不差的。作为已故史蒂夫·乔布斯（Steve Jobs）的最后一座纪念碑，它将在加州屹立不倒。

◎ 简单却又复杂的关系

人们通常需要近距离合作，才能确保合作效果。但是，过于密切便会造成障碍。因此，尽管工作中的社交活动应该受到鼓励，但应该避免对同事私人生活（以及下班时间）进行过多侵扰。

人们也需要多出门散心。彭博社（总部位于美国的一家经济咨询公司）创始人、亿万富翁迈克尔·布隆伯格（Mike Bloomberg）表示，他希望员工在午餐时间离开办公室，到附近社区消磨时间（和消费），而不是“被困”在一个提供饮食的、豪华的、办公室形式的笼子里。彭博社新建的伦敦总部公司造价1.1亿英镑，提供零食但没有员工食堂。

工作场所是否能提高员工工作效率最终取决于员工与同事、管理者的关系。干净舒适（字面上和隐喻上）这些卫生因素与你的工作效率几乎没有关系。工作效率取决于员工技能、管理能力以及实际工作。

◎ 认真考虑

工作场所应该是安全、文明、舒适的。员工不应该恐惧上班。自然光（以及人造光的巧妙运用）会对员工的情绪有所帮助，“免费”（或赠品）健康食品可以提升士气。但是这些东西并不能建立一个丰富的文化，也不能使员工更有创造力。

把管理工作做好才是最重要的。管理者应该自问：员工们是否得到了应得的支持、引导和鼓励？是否有所进步？管理者应该操心的不是办公室的懒人沙发舒不舒服，而是如何做好管理工作。

陷阱 44

有关管理的陷阱只有 44 个

管理揭示了人性中的脆弱。我们都有缺点、都会犯错，但是我们能够取得进步。

在此之前，你是否期待着本书有一个完美收尾？你翻到这里的时候，是不是以为会看到一串要点、一条条简单易懂的步骤，以为通晓了它们你就能精通管理之道、收获事业成功？不好意思，你要失望了。管理是一项艰巨的任务，没有任何捷径可走，我们能做的只有练习、试验、学习、坚持不懈。

这就是我们想通过前面几章告诉你的。管理的工作是人类来做的，因此注定会遭遇失败和错误。机器人的发展前景是广阔的，我们无法想象它们将来会发展到何种程度。但是，在将来的很长一段时间内，管理工作依然会由人类来做。只要没有被机器取代，管理（这份属于人类的艺术）就仍然占据十分重要的位置。

◎ 最后……

最重要的是，我们希望管理者能够更加勇敢，摆脱这些陷阱对思维的束缚。我们希望他们能多多尝试，打造一个有利于员工工作的工作环境。毕竟，工作占据了我们人生的一大部分。管理者至少要确保员工能够高效工作、获得成长。

要做到这些，管理者和员工需要互相尊重，管理者需要对员工的能力给予信任，并且对他们进行严格要求。具体来说，管理者需要走出办公室、放下手机、倾听员工的想法。管理者还要保持乐观，分清事物的轻重缓急。

做管理者很难，做优秀的管理者更难。但是，我们仍然要努力做好这份工作，善加利用资源、激励员工进步、把手头的工作做好。管理归根结底代表了我们对未来的美好希望，我们必须要为此努力。

附 录

与杰出管理思想家的炉边谈话

附录 1

查尔斯·汉迪

查尔斯·汉迪写过许多畅销书，其中包括《非理性时代》（*The Age of Unreason*）、《空雨衣》（*The Empty Raincoat*）、《饥饿的灵魂》（*The Hungry Spirit*）以及近期的《第二曲线》（*The Second Curve*）。他是英国最有影响力的管理大师（虽然他出生在爱尔兰）。他的妻子伊丽莎白（Elizabeth）是一名摄影师，同时也是一名作家，他们一起写作、旅行、做演讲，世界各地都有他们忠实的粉丝。

谈到“管理”这个词，您首先会想到什么呢？

查尔斯·汉迪：一听到这个词，我就不寒而栗，我也不喜欢被管理。我觉得自己和其他人没什么不同。但请注意，我并不介意做管理工作！所以我想我们一开始就弄错了，人们并不喜欢被管理，也许他们才是正确的。

实际上，管理不是关于员工的，而是关于事物、系统的。在专业服务公司（律师事务所或医疗机构）里，员工是最重要的，唯一被称为管理者的人反而是负责处理事物（汽车服务或技术系统等）的人。我认为管理应该运用于系统、基础设施及事物的运行方式。

但是，每名员工都希望受到指引和敦促，希望能积极地参与到公司事宜中，总之他们渴望独立的感觉，希望自己能够做出选择。然而一旦你像对待一个物件一样对待员工，命令他们只能做你让他们做的事，他们就会成为这个体系的一部分，他们会变得厌倦。

所以在我面前，请不要用“管理”这个词，因为这个词真的令人不安。

所以，一名优秀的管理者会给员工独立空间，他只需管理好系统，确保系统不会妨碍员工工作？

查尔斯·汉迪：你说得非常对。管理者只需负责营造良好的工作环境、维护基础设施、制定必要的规则，但不要试图管理员工。你应该和员工一起工作，同时专注于事物的管理。

人们普遍认为管理者的工作是让员工循规蹈矩，而我认为这是适得其反的。无论如何，你要改变的是员工的工作环境，但请不要试图改变员工。

我在壳牌（Shell，石油化工公司）工作时，中央办公室门外有一个黄铜名牌，上面贴着员工的名字，我的名牌上写着：“欧洲、地中海地区市场推广专员”，它是印在铜盘上的，下面有个小孔，名字写在卡片上，这样它就随时可以换成其他名字，由此可见我只是系统的一部分。他们还给我准备了一份职位描述，足有三页纸长，上面写着我要做的事情以及该如何做，最后“授权”一栏写着：在自己的账户上最多可以支出 10 英镑。这就是我所有的工作自由。所以，我就像我的工作一样，被管理得妥妥当当。因此，管理者只需管理工作，但不要管理员工，看在上帝的分上，多给员工一些自由权、独立权，让他们多做一些有意义的事情。

在现在的公司里，员工就没有自由发挥的空间吗？

查尔斯·汉迪：这就是公司中 75% 的员工没能真正参与工作的原因。他们不一定是缺乏幸福感，但正如一位在法国工作的首席执行官告诉我的那样：他的员工带着公司发给他们的工资回家，却什么也没为公司留下。

听到这里我觉得很难过。这印证了我的那句话：公司是员工灵魂的监狱，因为员工是被管理的，而不是和管理者一起工作。所以管理者要管理系统、基础设施、工作，而不要管理员工。

那么，没有人告知新任管理者这一点吗?

查尔斯·汉迪：我们赋予了管理层“权力”这个伟大概念，但正如我所说，员工不喜欢被管理，但一旦他们晋升成为管理者，他们就要试图管理所有员工。

语言远比人们想象中的重要得多。如果你约束自己不去使用“管理”这个词，那么情况会非常有趣。

如果你进入一家“以人为本”的公司，你就不会经常听到“管理”这个词。你不可能走进手术室，然后问管理者在哪里。国家医疗服务体系（National Health Service，NHS）受到人们诟病的一点在于，他们设立了一个糟糕的职位：管理经理。他们本该同系统打交道，却对周围的人发号施令。即使是管理界的权威——管理顾问，也对这个职位感到无奈。

这么说来，管理经理起到了反作用吗?

查尔斯·汉迪：在未来，如果他们去管理机器人或计算机系统，可能会做得更好，管理算法也不会太差！如果反馈来自于一台机器，人们可能更容易接受。

有人说，企业规模过大易导致各种问题，您认同这种观点吗?

查尔斯·汉迪：是的，我认同。邓巴教授（Professor Dunbar）提出过这样一个想法：在一个社区里，你最多只会有 150 个熟人。他还有一种测量方法，你的朋友数量分三组递升：首先，你可能最多只有 5 个最好的朋友，他们会毫不犹豫地借钱给你；然后，你会有 15 个经常一起玩耍的朋友；最后，有 45 个朋友你会非常乐意和他们共进晚餐；如果你还保留着寄圣诞贺卡的习惯，也许你会寄给 135 个人，或者你在脸书（Facebook）上有 135 个朋友。我觉得这种分法很有趣。

所以，我想说你在公司中最多认识 135 个人，因为至少你会知道他们的名字；45 可能是你可以信任的人数，你可以放任他们离开你的视线自由工作，因为你知道他们足够优秀；能和你真正并肩工作的人可能只有 15 个；而与你非常亲近，或者可以被你列为结婚对象的可能只有 5 人。所以一旦公司运营人员的数量超过这个数字，他们必须系统化，然后员工就变成了一个数字。

有人说，精简公司等级会让管理工作更加难做，因为管理者每天要处理成百上千份报告。

查尔斯·汉迪：这简直是胡说八道。你根本不可能认识那么多员工，他们在你眼中可能只是个数字。你真正认识的也就45人左右，或者更少，于是一个个小团体开始出现，这才是你处理事情的唯一方式。政府中也常采用这种形式。但小团体外的人可能愤愤不平。

那么，他们为什么不随大流呢？假设一家公司的所有小团体都是45人，这样就会有很多小团体，看起来就有点混乱。这时，会计可能会问为什么不把这些人整合一下呢？我的意见是，不能整合，必须由45人一组为单位来完成工作。在某一特定领域能力突出的人，自然会成为这个小团体的领导者。

巴西塞氏企业（SemCo）的总裁里卡多·塞姆勒（Riccardo Semler）认为，不看你的头衔，员工也知道你扮演的角色；你可以自己印刷几张名片，但不要用在办公室成员身上。

由此得出的结论是，我们所谓的管理教育是……

查尔斯·汉迪：一无是处。

好吧，它完全没有覆盖管理这一领域。

查尔斯·汉迪：因为管理难以公式化。基本上，商学院都是培训机构，而不是教育机构。它们不会挑战传统，而是旨在培训学生为他们的最终客户——公司服务。如果你正在培训员工，你需要一本手册，把你要培训的内容写下来，这样，你才有东西可教。你可能运用学生的想象力进行案例研究教学，但如果你教的是案例研究，而在课堂上又不给出正确答案，那就可能令学生们大为恼怒！他们会说，为什么不直接告诉我们答案呢？这有点像字谜游戏。

伦敦商学院一直在模仿美国商学院，但它忽视了英国职业教育的传统，这样做是不合理的。医生、律师、会计这些职业不仅需要丰富的专业知识，还需要实践经验，这才是我们真正需要的。你需要学习很多知识（和管理无关）——商业运作、会计、市场营销等等，这些你都可以在课堂上学到。但关于人类的真理，你却永远无法在课堂上学到。你只能在导师的指导下，在实践中学习，所以我们为什么不这么做呢？

很多学校的实践教学进展缓慢，只有兼职课程等等。我唯一支持的一所商学院是英国公开大学（the Open University），在那里，理论学习与实际运用紧密结合。

商学院试图使管理成为一门学科，所以在教学时，通常把它当作科学学科，然后做很多研究，试图找到绝对的正误；但实际上它是与历史更相似的人文科学，适用于哪种情境完全得具体问题具体分析。学好历史对管理很重要，人们可以借助研究历史的方法，去研究为什么在这种情况下适用的管理规则，在那种情况下却不适用。

那么，您认为怎样才能提高效率呢?

查尔斯·汉迪：实际上，很多人混淆了效率和效果。给员工自由，总的来说会更有效率，但是看起来有点混乱。会计人员不喜欢混乱，管理者也是如此，因为他们更喜欢系统化。

所以，我们的目标本身就是错误的?

查尔斯·汉迪：是的。我在壳牌工作时，公司目标是尽可能提高销量，这是一个市场份额数字。但是，没有人会提到股东！我们利用股东的资金，必须支付他们租金（股息），但我们却尽可能地压低租金（股息）。

记得有一次，我听到壳牌前董事长彼得·霍姆斯（Peter Holmes）问其他商界领袖：你们担心过自己的股价吗？他们都说没有。霍姆斯说："我知道，这个问题有点可笑，我也从来没有在意过那些关于股价的废话。"

我们过去常常担心市场份额，但在梅克林/詹森（Meckling/Jensen）的论文问世后、所谓的经理人与股东的结盟后，利润和每股收益都是按季度计算的。我们很少谈论每股收益！

所以数字和文字一样重要，股东就是所有者的观点是错误的，他们只是所有者的一部分。

所以，我们不是为了某个特定目标而工作，而是要在财务问题上精打细算吗?

查尔斯·汉迪：这还是增长问题。我认为成长是全人类都关切的问题，我们都想长大，但不想变胖；我们想要变得与众不同或者完美无缺。那么，为什么企业总是想要发展壮大呢？因为规模壮大会给他们提供更多的金钱、权力、薪资，但这意味着员工会变得越来越渺小。这对高层人员来说是好事，但对底层员工来说却是灾难。

前几天，我与加拿大铝业集团（Alcan）的一位高管交谈，他曾是该公司一名骄傲的高层管理人员。他表示，现在他很无奈，加拿大铝业变成了英国里奥·廷托锌公司（Rio Tinto Zine，RTZ）的铝业公司，接着它变成了这家公司的铝业部门，然后它变成了这家公司的铝部门，现在它已经消失了。加拿大铝业不存在了，这令人非常难过。很多人会发现他们以前工作过的公司刚刚消失。

那么，为什么我们不能既优秀又有创意，却保持规模不变呢？这样的话，你可以赚更多的钱。但人们普遍认为增长意味着变大，实际上，这真的没必要。

我记得纳帕谷的一个葡萄园园主告诉我，他想不断扩充，我环顾四周，问他在哪里扩充？他说："不，我指的不是种植规模的扩大，而是我想种最好的葡萄，酿最好的酒。"他的葡萄酒卖得非常昂贵。

最后一个问题，您对管理的未来发展有什么期待吗？

查尔斯·汉迪：如果人们足够明智，可以利用新技术，给员工更多的工作自由，减少管理者的干预，员工可以从公司系统中获得反馈。

我在婆罗洲（Borneo，一般指加里曼丹岛，位于亚洲东南部）和沙捞越（Sarawak，是马来西亚面积最大的州）工作时，那里只有邮件，没有电报和电话，所以，私下里我做错事情，然后从中汲取经验。起初这有点令人沮丧，但最终我受益匪浅。只要我不告诉他们，新加坡的员工就不会知道我做错了事情。

其实，现在我们也可以这样做：技术可以使你在不受侵犯的情况下，接受监督。然而，我担心人们不会把技术用于这方面。

另一个显著的变化是，有才华的年轻人可能不会去大公司工作，而是去自主创业。只要有了 45 个人，你就可以在正确的商业模式下，用正确的技术改变世界。在这个新时代，大型公司可能会面临新一轮危机。

附录 *2*

伊芙·普尔

伊芙·普尔是一位学者、神学家和管理顾问，著有《资本主义的有害假设》（*Capitalism's Toxic Assumptions*）、《资本主义的教会》（*The Church on Capitalism*）及最近出版的《高效管理的 52 个关键》（*Leadersmithing*）。

当您听到“管理”这个词时，您首先会想到什么呢？这个词对您来说，有什么特殊含义吗？

伊芙·普尔： 我首先想到了这个词的词源，它和牵着马走路有关，听起来很有意思。对我来说，“管理”有着非常实用的内涵。它可以动员人们付诸具体行动，然后再根据需要进行检查、评审和调整。所以，管理报告也是很具体的，包括任务进度、质量、成本及反馈。这一轮任务结束后，下一轮任务再重复以上流程。管理中的任务、过程和关系是三位一体的。因此，从根本上讲，管理也是人际交往，因为要让员工不断地做出完美工作，管理者必须具备精湛的人际交往技巧。

在您看来，领导力和管理的区别是什么？我们是过度担心这两者的区别，还是过于强调了两者的区别呢？

伊芙·普尔： 其实，很多关于这方面的论述都是无稽之谈，而且在很大程度上，这种人为的区别在实际运用中并不重要。但是，确实存在一些细微区别。首先，是人与人之间的动态关系。如果你由某人管理，你们的关系多多少少会受到限制。你执行管理者分配给你的任务，如果他们对你的工作满意，你就会保住工作并得到奖励；如果他们不满意你的工作，他们就会给你相应指导，提升你的绩效。管理者希望你与同事建立亲密关系，同时还要对你的业绩负责。这种方式专注于员工的日常表现、工作质量及业绩。

第二类差异与视野有关。当然，管理者会关注同事、下属。但领导者关注的却是更重要的事情，他们需要认真对待所有外部因素（无论是时间上还是地点上），诸如声誉、风险、股东、利益相关者，以保护企业的核心业务。而这些外部因素需要融合企业文化、核心员工、主要策略和其他能够有效保证长期业绩的因素，因为这些因素能够彰显公司的性质、战略和品牌。

第一类和第二类差异共同组成了第三类差异：联系。员工的职位描述清楚地写着：必须服从管理者。但是，领导者必须自己努力赢得追随者，而无法强制他人追随你。因此，领导者必须规划正确的轨迹和方向，打造合适的企业文化，并以恰当的处事方式，来吸引他人自愿追随。当然，作为领导者，他们可以使用一些强大的心理工具，但只有当公司遭遇风险时，他们才可将这些工具作为最后的手段。我常说，领导者要具备超强的感知能力，虽然实际情况可能与你预测的相差无几，但却是以预测为基础的。这需要复杂的推算，而且一不留神，就容易事与愿违。

当然，管理者也可发挥领导作用。他们需要发挥领导作用，他们的领导能力会彰显他们对企业的价值，并有机会升职。但是，他们的首要任务是确保工作顺利完成，如果他们注重领导甚于管理，老板往往会失去耐心，除非生产结果圆满完成。当然，对于领导者来说也是如此，因为如果在你的监管下，企业没能正常运营，不管什么原因，你都可能会被解雇。

您最近出版了一本关于“领导力锤炼”的新书，那么，您能具体谈一谈什么是“领导力锤炼”吗?

伊芙·普尔：正如我上面谈到的，“领导”指的不是一种精神状态或既得的地位，它与“领导力”一词不同，后者给人一种静态的感觉，需要聪慧的大脑。领导是需要技巧的，需要每天练习。我认为，“领导力锤炼”更能体现这种动态活动的感觉。我从事的工作表明，真正的领导者明白这点，并能把它运用于实际工作中，他们会寻找机会提升自己的技能，以确保领导能力经得起时间的考验。根据经验，我们便可得知高层领导10年前就掌握哪些信息，以及他们获得信息的途径，因此，“领导力锤炼”就是将这种洞察力，运用到有抱负的领导者的日常活动中，让他们以后可以更出色地发挥自己的作用。它可以使领导者获得极强的领导能力，领导们通过每周的训练，或者在有压力的情境下接受磨炼，这样他们可以学到更多，将来也更有可能在压力重重的情况下一直作出正确决策。“领导力锤炼”的本质在于利用过去的经验，不屈从于命运的安排，而是主动地去锻炼自己，让自己形成条件反射去自动处理事务的能力，这样才能自如地应对将来可能发生的几乎所有状况。如果你知道自己对未来的恐惧是什么，这样便有机会找到克服恐惧的方法，在你做出决策前，提前按照自己的计划梳理一下你的恐惧，从而找到克服它们的方法。

有人说管理者的工作越来越难做了，您怎么看?

伊芙·普尔：是的，因为每个人都想成为领导者，在员工心中，领导者魅力无限，而且薪资丰厚。此外，许多管理人员的职责被外包给人力资源部门，以及对诉讼（合法）的担忧，也让他们失去了工作。我希望人们能够重拾专业思想，恢复专业管理岗位，并帮助管理者认识到，这与好坏、高低无关，只是公司事宜的不同领域，当然，这些事宜会有重叠部分，可能无法精确划分领域，也有可能中途移交给别人，但每项事宜都有自己的侧重点。

您认为，管理是会拯救我们，还是会毁了我们呢?

伊芙·普尔：当然会拯救我们。这又是感知与现实的对抗。有点像“鸡生蛋还是蛋生鸡”的问题，如果鸡不下蛋，你就没有产品可供销售，领导者应该为管理者服务，而不是命令他们。同样，通过纠正错误的目标，换掉不善管理的管理者，减少对宝贵资源的浪费，优秀的领导可以降低管理风险。

附录 3

亨利·明茨伯格

亨利·明茨伯格是加拿大魁北克省蒙特利尔市麦吉尔大学的管理学教授。长期以来，亨利一直是一位杰出的管理实践学术评论家。1973 年，他写了第一本书《管理工作的本质》（*The Nature of Managerial Work*），此后，他一直致力于揭穿关于管理实践的迷思。随后，他又出版了 18 本书。

当您听到“管理”这个词时，您首先会想到什么呢？

亨利·明茨伯格：事实上，这要取决于它的英文首字母是否大写。首字母大写的“管理”让我想起管理所带来的扭曲。近年来，商学院里的人们普遍认为管理就是完成生产底线和遵守业绩标准，而从不付诸行动。这就是首字母大写的“管理”。

小写的“管理”是一种传统的个人参与。没有花哨的修饰，没有复杂的关系，只有那些关心公司前景、参与管理事宜，且知道发生了什么的人，才有资格参与管理。他们悲天悯人，但唯独不会同情本公司的员工。

那么，我们是否忽略了管理的本质？

亨利·明茨伯格：当然忽略了。你知道，人们觉得员工上进是世界上最理所当然的事情。事实上，大多数受人尊敬的管理者都没有在商学院学习过，除非他们成名后，可能会去那里做一次演讲。商学院毕业的管理人员，可能学会了许多花哨的管理技巧，做了大量的案例研究，对公司不屑一顾，但缺乏管理实践，如果你让他们反思他们在学校里学习的管理知识，他们可能一无所知。

然后，你对商学院的看法可能会发生扭曲。我把这种管理方式称为“臆想式管理”，采用这种管理方式的管理者经常说：“我认为，你必须削减 20% 的成本，增加 36% 的利润，否则我就炒了你。”这种管理模式很简单的，我 12 岁的孙女都可以做这种管理。

而且，这种模式蕴含在一种叫作领导力的东西里……

亨利·明茨伯格：完全正确。我认为好的管理者会领导，好的领导者会管理。有人认为领导和管理应该分开，一个做花哨宏大的工作，另一个做琐碎的日常工作，这种想法部分来自于一些哈佛教授，他们对管理和领导理解有误，却正在培养“伟大的领导者”。

1990 年，有一本书《哈佛商学院的秘密》（*Inside the Harvard Business School*），我看了一下其中提到的名人，他们大多数人最终都失败了，只有少部分人勉强算是成功。丹尼·米勒（Danny Miller）是我的第一个博士生，最近，他做了一项惊人的调查，研究内容是所谓的“名人 CEO”的业绩，也就是那些经常登上商业杂志封面的 CEO。结果表明，虽然他们的表现比非管理专业学生还差，但是他们的薪资涨得非常快。（见亨利的博客：http：//www.mintzberg. org/blog/mbas-as-ceos）。

人们对“大”和“规模”的追求增加了管理工作的难度吗？

亨利·明茨伯格：我的用词略有不同。我正在写一篇博客《越多越好》（*enough of MORE，better is better*）。我的意思是，你建立一家公司，你会一直关注你的客户、产品、服务质量和员工，直到你的公司首次公开募股那天。然后各种情况接踵而至。不管是你的客户、员工、股东，还是其他任何人性化的东西，都会越来越多。这完全是一种扭曲。

坦率地说，我认为，如果股市彻底关闭，经济状况会好得多。你可以选择其他方式来筹集资金，而无须受制于这种盲目的短期投资。

印度塔塔（TaTa）已经公开上市，但该公司重大事宜的投票表决仍由家族信托基金控制；诺和诺德（Novo Nordisk）公司也是如此。所以，我们还有其他选择，不一定非得依靠股票市场模式。

是新技术的发展，让管理工作越来越难做了吗？

亨利·明茨伯格：首先，我认为管理工作并没有变得越来越棘手，但是那些盲目使用新技术的人会发现管理工作越来越难做。我在一个名为"边缘管理"（Managing over the edge）的博客上写过这方面的文章。管理工作是忙乱的，自从管理工作出现以来就一直如此，仿佛管理工作天生就该这么忙乱。每隔 20 分钟就要查看一下电子邮件，必须立即回复每件事，这可能会把整个过程和管理者推到崩溃的边缘。

这是否会使人为因素变得更为重要呢？

亨利·明茨伯格：是的，这可以追溯到彼得·德鲁克，他说过管理是"让他人做事"，不是让机器做事。

未来几年，管理者有什么特别的优势吗？

亨利·明茨伯格：管理的主题一直在变，但是从根本上讲，管理过程并没有发生变化。总有一些事情需要处理，无论是当今话题度较高的特朗普，还是多年前的石油危机，热门主题总是在变化，而且你永远不知道下一个热门话题是什么，但管理者却不得不做出回应。实际上，将来的事谁也说不准。

您认为特朗普当选、英国脱欧公投等近期的选举冲击与领导层和管理层有关吗？

亨利·明茨伯格：其中一些肯定与贪婪地攫取资源、银行家的奖金等有关，但这只是问题的一面。支持伯尼·桑德斯（Bernie Sanders）的人与支持特朗普的人有许多共同关切，只是表现形式不同而已。全球化不是"圣经"，而是一把双刃剑，在给人们带来巨大好处的同时，也会带来可怕的后果，尤其是打着民主的幌子对国家主权的直接攻击。

在不久前，联合利华公司（Unilever）击败卡夫食品公司（Kraft）时，有些人就感到非常高兴。

亨利·明茨伯格：是的，据我所知，联合利华是比较负责任的公司之一。

目前您对世界上哪个地区最感兴趣呢？

亨利·明茨伯格：最近，我在巴西待了一段时间。我最喜欢问巴西人民的问题是：你觉得巴西和美国，哪个国家更腐败？我给他们说：我给你个提示啊，不是巴西。在巴西，腐败贪污是犯罪行为，巴西政府终于着手处理这个问题了。而在美国，腐败是合法的，美国政府却无计可施。美国的最高法院已将贿赂合法化，而巴西法院最近刚刚通过议案，法律不再保护任何行贿行为，政治性质的捐款现在是非法的。

巴西有什么特别吸引您的地方吗?

亨利・明茨伯格：在巴西，总会发生一些令人着迷的事情。巴西人喜欢刨根问底。他们真的很有趣，尽管很多事情仍悬而未决，因为人们对过去发生的事情［前总统迪尔玛・罗塞夫（Dilma Rousseff）被赶下台］感到非常沮丧。

但在商界的话，巴西人会带来一些不同的东西?

亨利・明茨伯格：是的，巴西人喜欢独立思考。在巴西，有很多社会企业家；当然，这也是企业家精神。但事实上，这才是真正的社区活动，而不仅是个人倡议，这是整个国家的倡议。他们提出的解决社会问题的方案，通常是非营利性的，比我们在其他任何地方看到的方案，都更有创造性。

最后一个问题，您认为商学院能改变狭隘的正统思想吗?

亨利・明茨伯格：其实，很多商学院内部人士也对此表示担忧。但只要他们继续装作把缺乏管理经验的人培养成管理者，什么都不会改变。在我任职学校的全球管理硕士课程（imm.org）中，我们给管理者足够的时间，让他们反思自己的经验，并相互学习。

现在，我还在麦吉尔教书，但是我已经多年不做全职工作了。可能我现在比以前更有效率了吧。

附录 4

埃米尼亚·伊贝拉

埃米尼亚·伊贝拉是发展领导力方面的专家。最近，她出版了一本书《能力陷阱》，此前，她还出版过《转行：发现一个未知的自己》（*Working Identity*：*Unconventional strategies for reinventing your career*）。她是伦敦商学院的一名教授，曾任职于欧洲工商管理学院。

您认为，“管理”在当今世界意味着什么呢？

埃米尼亚·伊贝拉：遗憾的是，谈到管理，我首先想到的是流程、服从，还有你不愿但必须做的事情、无聊且程序烦琐的事情。这本身就是谬论，我想人们已经习惯拿管理和领导做对比，然而，领导是有趣、有吸引力的事情，它会创造变化，做成事情；管理却是充满官僚主义的流程，它推动公司缓慢运行，是一件件点滴小事的积累，是公司会议、预算、绩效评估。

管理是一种基础设施，可以让员工无须事必躬亲；它可以为员工提供服务，这样员工便可设定方向，沿此方向，做有意义的事情；它受到了不公正的批评，我认为部分原因是我们仍然在使用很久以前的系统，这些系统可能不太灵活，或者不太适用于当今世界。如果你查阅关于绩效考核是否应该废除的所有争议，你会发现，也许绩效考核制度并不完美，但是废除它会导致很多混乱和矛盾，尤其是在规模较大的公司。

而且，如果没有管理工作，公司事宜可能一塌糊涂？

埃米尼亚·伊贝拉：众所周知，受“知识工作”革命的影响，当今世界，很多管理者和专家，既是生产者也是实干家。工作变得更加复杂：首先，你要做分内的事情，如做分析、写报告、追踪客户；接着要做战略、领导方面的事情；然后要做强加给你的相关事务，虽然你没有设计过工作形式、流程，但它无非就是涉及协调，与不同的单位共同工作；这些事情很无趣，往往耗费很多的时间和精力。

有人认为管理者应该做自己，您认为这是个好主意吗?

埃米尼亚·伊贝拉：实际上，“做自己”是个糟糕的建议。为什么这么说呢？不是因为做你自己不好，而是这个“自己”究竟是个什么样的自我？在不同应酬场合下，我们和我们所扮演的角色，也是不同的。情境领导（管理界的铁律之一），意味着你要根据听众来调整你自己：你的策略、风格等，这些要素一旦发挥到极致，也就意味着没有自我，你只是一种策略，或者说是一种有影响力的策略。我很好奇，从什么时候开始，真实性已经变成了一个问题。此外，我们不应该在“如何做自己”这类的书本和课程上浪费太多金钱。

我们为什么总是喜欢谈到“做自己”呢，因为它本身就存在问题，并以不同的方式呈现。其中一种方式是，你觉得自己必须在高效率和做真实的自己之间做出取舍。不知何故，想要成功和高效，你必须具备一些特质，你可能既不习惯也难以接受这些特质。这需要管理者认真思考，如果它不是习惯性的，那你就必须改变自己。做自己习惯的事情很容易，而不习惯并不是你做不好事情的借口。我们必须不断适应，如果一件事情对你没有吸引力，那就会很棘手，我们也不希望发生这样的事情。这会引发更深层次的问题。

我比较关注的是，转型期、个人职业转型期的真实性困境。我们曾经定义过“转型期”，“在这儿有用的方法在那儿没用”，当人们进入一家新公司或扮演一个新角色时，企业文化、情景的不同是显而易见的，所以你必须调整适应。如今，你真的没有时间去慢慢适应角色转变，因为事物变化很快，这就要求你也要快速改变，公司会适当调整，虽然你的头衔不变，但你的责任是不同的，这些情况的共同点是，如果你继续按照过去有效的方式做事，如今却解决不了问题。因为我们高估了自己的优势，它是“致命优势”的思想，也就是你做过头的事情。如今，那些被夸大的优势，你会感觉非常真实——这就是我啊！因为我们的身份是建立在过去的基础上的，比如说过去我们擅长什么，我们是什么样的人，人们怎么评价我们。所以从积极意义上来说，这种方法能够成为我们的精神支柱，帮助我们做出选择；但它也有负面影响，我们将无法发掘自身其他长处、学习新事物。因此，在这些转型期，尤其是当你的目标还不明确的时候，你需要“做一名好领导者”；或者当人们想要升职，想要有更大的影响力，但一看到自己现在或以前的老板，又会说，他们会说我不想成为那样的老板，那样的老板没有吸引力，那些人精于算计、控制欲超强、什么事都藏着掖之。你不想步他们的后尘，但又觉得只有这样才能取得成功。因此，升迁以后人们往往情绪复杂、内心纠结：自己到底要不要成为那样的人。

所以有时候，你可以通过展现你的抱负来表现你的真实性。重要的不是我曾经是谁，而是现在我想成为什么样的人，但这并不适用于所有情景，因为有时你也不确定你想成为什么样的人。或者你觉得正在放弃自己的核心竞争力，你不再将它应用到工作中，这种转变给你留下了什么，你如何增加自身价值？所以这种转变充满了矛盾：“我不知道我是否想成为那样的人。”

所以，如果你采取一种更慎重的方式，问自己：我是一个怎样的人？我有哪些长处？这种思考只会让你止步不前，无法帮助你找到提升自己的方法，无法使你既保持核心优势，又学到新东西，获得成长，讶异于自己的蜕变。这个过程不同于先假装自己已经成功，再收获真正的成功，而是不停地探索直到获得成长。

您的意思是感知情境吗？

埃米尼亚·伊贝拉：是的，你需要感知环境，但是有时候，你不得不做一些不符合你本意的事情。如果你原先所处的企业文化高度一致，突然间你去了一个新环境，在那里你必须自信地陈述观点，并据理力争，这时候你感觉如何呢？你会有一种完全不是自己的感觉，但你却可以学到很多东西。有时候，这种极端会让你找到一种平衡的方式，你对这种方式较为熟悉，这也是需要适应的方式。

在人与人的交流中，权威性是绕不开的话题，以至于人们经常拿它来做借口，比如：我用不着改变，用不着去倾听别人的意见，我完全可以做一个不招人待见的总统，用不着担心我的缺点，做我自己就好。这样想的人通常认为，人们会满意于自己展现出真实的自我。但是，事实并不是这样！人们真正想要看到的是，管理者与其他员工相互扶持，通力合作。只做好自己是远远不够的，管理者应该营造积极的合作关系和企业文化，这样其他员工也能展现自己的优势，各抒己见。

所以管理者需要不断探索？

埃米尼亚·伊贝拉：因为这是一个反复的过程，不是一蹴而就的过程。你采取一些措施，学习一些东西；也许这种方式有点激进，也许太过温和；你可以观察其他人的做法，等你学会后，就可以尝试更进一步。这就是《能力陷阱》这本书英文书名的来源，并不是说你可以鲁莽行事，而是你必须不断尝试。

人们说“越快越好”，但是一旦涉及做一些不太自然的事情，他们就不会觉得越快越好了。迅速对于一个工具或过程来说是可以接受的，但是如果是关于人的，这就很难达到了。

您怎么看“承认自己的弱点”这种现象？我曾听杰夫·伊梅尔特（Jeff Immelt）说过，你不能告诉别人“我不知道该怎么做”。

埃米尼亚·伊贝拉：这是一个经典的问题，当人们被戴上一顶高帽子、被高看的时候，会告诉别人他有多不自信吗？可能不会，因为时机不对。等到成功之后，他才会对外公布他的弱点。

那么，怎样才能成为更优秀的管理者？

埃米尼亚·伊贝拉：给管理者分享一些不同的经验是至关重要的。人们仍然倾向于在封闭的环境中成长。我最认可艾德佳·沙因（Ed Schein）对职业角色的定义，职业角色往往与经验、偏好、信仰和价值观等因素相关，但他认为，职业角色是随着各种经验和有意义的反馈而逐渐完善起来的。但是在企业环境中，员工们很难达到其中的任何一项。更棘手的是，你跟管理者可能不在同一个国家。因此，你只有在正式会议上才会跟管理者有所交流，很少有机会私下接触。

您认为，我们还有哪些需要注意的管理陷阱呢？

埃米尼亚·伊贝拉：我认为“领导风格决定一切”是一种陷阱。环顾四周，发现成功的领导者领导风格各不相同。但他们有一些共同点，如人际交往能力好、指导能力强、参与性高，更关注企业内部或外界事宜，等等。所以我让我的学生思考的不是“什么是正确的领导风格”，而是“在不同的情况下，我应该扮演什么样的角色？”“我能做得最有成效的事是什么？”真正成功的领导者——不管他们是否友善，是否能够合作——他们往往在协同团队或与外界对接方面扮演着非常重要的角色。他们总是在协调利益相关的客户的关系、管理公司成本与业绩。

你不仅要管理企业的内部，还要协调内外关系。

您认为，商学院在培养管理者方面有什么作用呢?

埃米尼亚·伊贝拉：商学院给学生提供相对平和的环境，允许他们对过去和未来进行一些反思。有时在工作中，我们可能会有相当紧张的学习经历，但我们没有时间停下来处理它。与经历相似的同龄人一起工作是非常重要的。

此外，商学院可以给学生提供一个机会，让他们接触不同的同龄人和关系网，而不是局限于工作中比较狭窄的关系网，这样有助于他们工作效率更高。

那您怎么看待工作前景呢?

埃米尼亚·伊贝拉：我不是一个称职的未来学家！但我在大企业中看到的是，人们的工作前景渺茫。收发邮件、提高业绩要求、压缩成本、增长预期——如此多工作，如果得不到指导，我不知道作为人类，我们的工作还能进行多久。

很多员工依旧坚守在工作岗位上，但他们并不一定喜欢待在公司。如果有机会，很多员工会辞职离开公司。

管理者们需要管理各种各样的外部供应商，这些供应商不一定有文化、信誉、凝聚力，所以可能报价较低，但人力成本可能很高。在我看来，现在的公司运作方式，与人们致力于研究公司发展理论时的情况大不相同。也许我们需要再考虑一下调整企业结构。

附录 5

劳拉·爱普生

劳拉·爱普生是专业服务公司领域的专家。她的新书《领导专业人士：权力、政治和自命不凡》（*Leading Professionals*：*Power*，*politics*，*and prima donnas*）由牛津大学出版社出版。此外，2007 年她出版了《管理现代律师事务所》（*Managing the Modern Law Firm*）一书。她是英国城市大学卡斯商学院教授，曾在牛津大学授课。

"管理"这个词会让您联想到什么？

劳拉·爱普生：我认为"管理"这个词在本质上是没有意义的。你只能把管理和其他概念（如行政管理和领导）放在一起理解。50 年前我们所谓的行政管理，现在被统称为"管理"。20 年前我们可能称之为管理的东西，现在被称为"领导力"。在商学院，管理这一门课，如今不得不被重新命名为"领导力"，以吸引学生上课。如果你在高管教育课程中加入"领导力"这一部分，就可以收取更高的学费。因此，正如人事管理已成为人力资源管理，公共关系已成为沟通关系，管理正开始转变为领导力。

这是一种术语上的通货膨胀——现在"领导力"这个词已经不再受重视，我们将不得不创造另外一个词来代替它。

简而言之，我认为管理就是团队共同努力把工作做好，其中或许存在某种程度的自上而下的等级控制——我们都熟悉"向上管理"这个理念，它仍然是管理方面的术语。人们有时将管理理解成"做正确的工作"，认为领导的做法都是正确的；将效率和效益这两个术语混淆，或谈论公司的守旧与改革，但这些区别都没有多大意义。我们只需要理解“管理”和“领导力”这两个词的用法有很大区别，没有人能给它们下一个明确的定义，就算有也是错误的。

大卫·奈特斯、休·威尔莫特在著作《管理人生》（*Management Lives*）中有一句名言：“管理是生活及其方式的重要组成部分。”这个定义太过宽泛，你可以随心所欲地将它用在任何地方。

很多人会把管理等同于工商管理学硕士（MBA）所学的专业，但M不代表管理，它代表的是“硕士”。BA代表“商业管理”，这很有趣，因为没有工商管理学硕士认为自己在做管理工作。所以我们仍然保留着这个古老术语。

有些人致力于区分管理和领导力，但了解二者之间的区别会对他们的工作有帮助吗?

劳拉·爱普生：我对领导力做了很多研究。在面试时，应聘者很难解释清楚领导和管理的区别，既然他们不知道，我们为什么非得对这二者进行人为的区分呢？你可以收取更多的费用。事实上，从来没有人请我做关于管理的演讲，他们总是想让我做关于领导的演讲，因为他们认为做领导很吸引人。我想说的是，有很多商学院和学者在推广这种被称为领导力的高级概念时，都会获得既得利益。

专业服务公司（PSF）中的管理和领导力大概是怎样的?

劳拉·爱普生：如果管理中有着严格的等级制度，那么将自己认定为管理人员就意味着你认为自己在某种程度上高于他人。在专业服务公司，尤其是在专业合作关系中，你很难摆正自己的位置。合伙人并不是你的下属，他们推举你是为了让你代表他们管理公司事宜，而不是领导他们。所以如果在合作之初，你就以他们的老板自居，他们会感到不舒服。但在接下来的工作中，他们会指责你是一个无能的领导者。

所以他们认为他们迫切需要领导力，有了领导力，他们就可以做出一些目标明确的决定和宣告。

劳拉·爱普生：但前提是这些决定和宣告必须得到专业人士的认同。在专业环境中，领导者需要具备鼓舞人心的特质，以便专业人士追随他们。在专业的服务公司里，管理员工是个好差事，因为员工需要被管理。管理者会说“我需要领导，其他员工需要管理”。

在生活中，我们需要服从政府管理，也时不时地想做领导或被别人领导，我们也需要被管理，尽管我们可能不接受这一点。专业人士将其称之为官僚主义。

在专业服务公司中，您不希望高管陷入管理困境。

管理者需要展现他们的能力。能干的员工选择特定的人来管理他们，就像摇滚乐队有经理一样。但他们并不是从属关系。实际上，合伙人给公司的领导者开薪资，因为他们并不负责全职的管理工作。思想保守的合伙人会说，领导人的薪资已经成为公司的一大成本，但他们对此喜闻乐见，因为管理员工很重要。但他们绝不认同这份工作中的权力关系。

我尽量避免使用“管理”和“领导”这样的词语，更多地谈论高管的活动，因为这更中立。高管们将在不同的时间与不同的人合作，他们做的工作涉及领导、管理、行政多个方面，其中的技巧在于直观地理解他们的具体工作、工作时间以及合伙人。

您面试过的一些高层往往不愿承认他们是主管，是这样的吗?

劳拉·爱普生: 需要考虑的问题是，他们真的这样认为吗？或者这只是他们的策略，来暗示他们的谦虚和缺乏自信？但在危机中，合伙人希望高级合伙人或管理合伙人负责好工作。

所以这是一个敏感、微妙的话题。高层们关心的是跟他们交谈的对象、他们需要谈论的内容，以及发表这些言论的时机。他们总是能做出这些精准的判断。

即使是在四大会计师事务所（有时被认为是公司），领导们可能也会感到沮丧，因为他们的合伙人懒得打开发给他们的电子邮件。他们可能没有公开宣称他们对此不感兴趣，但是在合作关系中，不少合伙人都对管理公司持有消极态度。

当然，企业关系也极其复杂和微妙。但我的研究表明，政治关系存在于所有伙伴关系中，它是企业合作的方式，是这些公司的命脉。专业服务公司中便始终存在这样的政治关系。企业里面的员工对此得心应手、习以为常，以至于他们意识不到自己的所作所为。在一个权威影响力低、自主性强的环境中，如何把工作做好，如何自然地施加影响才是最重要的。

现在的公司是否能吸引年轻人加入并做出承诺?

劳拉·爱普生：“承诺”是一个有趣的话题。我不会鼓励年轻人对任何公司做出承诺，因为现在的公司都不愿意对他们做出承诺。年轻人要记住的一件重要的事情就是——公司在招聘过程中对他们说的话基本上都是废话。员工可能是专业服务公司的“最大资产”，但公司一直都在压榨他们的剩余价值。

跟以往有所区别，但现在的职业世界就是如此。

精英公司对外营造的形象，吸引了大量人才前去应聘。他们的工资确实很高，他们有漂亮的办公室。他们善于创造这样一种感觉：如果你加入我们，你就成功了，你就是精英中的一员。对许多人来说，这是非常有吸引力的，他们很乐意为此付出代价。

我同露易丝·阿什利在这方面做了一些研究，研究这些公司是如何利用文化资本来吸引大学生的。在他们招聘和培训期间，会带毕业生去一些奢侈的地方、在昂贵的餐馆中就餐，这些地方是他们的父母才有所了解的。公司会告诉他们：“总有一天你也能去这些奢侈的地方。”也就是暗示：来我们公司，你就会获得成功，总有一天你会过上上层社会的生活。

某种程度上来说，这是一种推销方式吧?

劳拉·爱普生：这是一个非常明确的、诱人的推销说辞。我也是这些团队中的一员——获得MBA学位后我就成了一名战略顾问。在优步和户户送（Deliveroo，英国的一家在线点餐外卖公司）出现之前，我在办公室里工作到很晚，然后拿起电话叫辆出租车，仅仅是为了给顾客送餐，然后向顾客收取费用，这太不可思议了，会让你忘记你在办公室一直工作到午夜。这是一种很好的体验。当你很年轻，你没有出生在富足的家庭，这种体验让你感觉自己是特别的，如果你的客户支付50英镑，你就可以在办公桌上吃鸡肉炒面。

这样雄心勃勃的员工很难管理是吗?

劳拉·爱普生：有管理者以交易的方式来处理这个问题，员工知道自己想从公司得到什么。他们想要在几年的时间里赚一些钱，他们想要丰富自己的简历，同时他们还想知道自己真正想做的工作。然后他们就会去努力工作。

但这种方式也不是十全十美的。当我还是牛津大学的一名教师时，经常有很多学生拿着麦肯锡（McKinsey）和高盛（Goldman Sachs）的工作邀请来找我，他们说："我应该去哪所大学，我应该做什么？"我会给男同学一些额外的建议："做你想做的事情，但不要很快安定下来结婚生子。"因为我知道很多人走出大学校门后，认为某种工作还不错，就会暂时就职于此类工作，接着他们满足于自己目前的生活方式和薪资，最后娶了自己的大学同学，开始结婚生子。20年后他们仍然在做他们从未真正喜欢过的这份工作，为他们不喜欢的公司工作，但是他们会让孩子上私立学校。我会说："但你一直讨厌这份工作。"他们会略带伤感地看着我说："是的，但我的孩子们都受过良好的教育。"

还有一种现象是很多高材生缺乏工作上的安全感，我最近一直在研究这个现象。那些不具安全感的高材生对精英专业服务公司来说要复杂得多，也更有价值。这些公司中有许多管理者都留意并招募他们。他们在大学里寻找这些人，他们寻找那些有着非凡成就的学生，但在这些成就的背后，是一种潜在的威胁感。他们和这些人达成的协议是：我们会让你觉得你是特别的，因为我们需要你，但作为回报，我们可以要求你为我们做任何事情。这些人加入公司后，会觉得自己与众不同，但随后他们会意识到，除非你表现出色，否则你无法留在公司。这些机构有非常严格的晋升制度，因此，在它们招收的100名研究生中，只有10人有可能成为合伙人。有时情况甚至更糟，很少有人能成为合伙人。

因此，公司放大了个人的不安全感，因此员工相互竞争，以确保自己是领先的一方。这成了一种强大的控制系统，它减少了对管理的需要。其中隐含的信息是："你对于自身能力不足有所担忧，但我们可以告诉你，只要你足够优秀，就可以成为这里的合作伙伴，但只有在你持续表现出色的情况下，你才会拥有这种资格。""这就是我所说的那些没有安全感、成就过高的人，为了能留下来，他们会不断地鞭策自己。"没有安全感的高材生并不知足，他们不断努力于得到更好的职位薪资，永远不会得到满足。

最后，即使是精英公司也要担心机器人和自动化取代它们吗?

劳拉·爱普生：从“精英”这个词我们就可以看出，精英公司永远不会被技术所取代。但他们将不得不做出改变来应对。技术永远代替不了能干的员工。通常来说，技术已经取代了传统的工作，很多公司都在做一些非常常规的工作，尽管他们可能不愿意承认这一点，这也是他们每年需要招聘这么多毕业生的原因之一。

技术可以取代常规工作，但当一个首席执行官面临恶意收购、想筹集几十亿美元基金扩大公司规模，或者在美国证券交易委员会面试会计、担心自己表现不佳时，你不会问计算机答案。

真正专业的工作总会有一席之地。我认为，我们在未来可能看到的是，诠释了专业工作真正意义的、更传统的观念的回归，它代表着专业知识、地位、收入，甚至职业。在此过程中，出现了大量平庸的、报酬不高的、毫无疑问不那么有趣的工作，随着专业工作开始被取代，这些工作就会被抛在一边，这些工作并不一定是由技术所取代的，而是由技术与不那么训练有素、报酬不那么高的专业人员联合起来完成的。

所以到了未来，专业工作潜在的独特性会再次地显现出来?

劳拉·爱普生：是的，那会很有趣。

附录 6

琳达·格拉顿

琳达·格拉顿是研究工作领域及其变化的专家、伦敦商学院的教授。她著有《转变》(*The Shift*)、《热点定律》(*Hot Spots*)、《关键》(*The Key*)和《杰出经理人》(*The Exceptional Manager*),以及最近与安德鲁·斯科特(Andrew Scott)合著的《百岁人生》。

当您听到“管理”这个词时,会想到什么?它对您来说意味着什么?

琳达·格拉顿:这个词似乎已经过时了,管理者是什么?谁想被管理?管理有什么用?事实上,我很少使用“管理”这个词。这并不是说公司中的每个人都是领导者。我认为,在公司中,各个领域的专家正紧密联系在一起,因为他们有共同的目标、使命,至于管理者的角色,我很难去定义……

因为工作中充满了不确定性,也很容易被打断,所以团队需要不断重组?

琳达·格拉顿:部分原因是传统的任务管理方式发生了改变。过去管理者的工作并非如此。管理者的职责是传达高层对下层员工的指令,监督员工完成工作,但实际上,如同我们从塔塔咨询服务公司学到的,只要你提供足够的信息,无论是谁都可以做好这份工作。

你确实需要在团队中发挥领导作用。公司不能群龙无首,但领导者需要确保公司的项目朝正确方向发展。领导者的作用是激励、干预、指导员工;而对于最高级别的领导来说,他们的工作与外界密切相关,他们需要关注外界,并与利益相关者建立联系。

我们该如何看待那些管理者?

琳达·格拉顿:我认为他们的工作是融入团队，并发挥自己的特长。至于团队中的管理者，这个角色比以前复杂得多。如果你回顾三五十年前的公司，团队是相当简单的。简单地说，他们团结协作，团队中大多是男性员工，他们有相同的专业、国籍、年龄……所以他们很好管理，复杂的团队才真正需要管理者。

所以，不管怎么样，管理者需要提高团队合作能力?

琳达·格拉顿:管理者是管理团队的一员，是一个新兴的、很难驾驭的角色。我在我的书《热点定律》中写过：你必须建立一种合作文化，必须有团队意识，提出目标或问题，但这很难。管理者需要懂得如何组织一个团队。你必须接受训练，才能知道如何做好一名管理者。

商学院不一定教授这些管理技巧。

琳达·格拉顿:确实如此。当然，我们都希望自己成为领导人。我们关注着首席执行官们，渴望他们给我们开讲座。学生们喜欢身边有权有势的人。长此以往，管理者的角色就会消失，这就是为什么朱利安·伯金肖的工作如此重要的原因。他意识到管理是多么重要，但管理是复杂的。

您与安德鲁·斯科特合著的新书《百岁人生》也探讨了管理该如何改革。

琳达·格拉顿:是的，有人说，人到了60岁就没前途了，这种说法很荒谬、刻板，因为随着寿命延长，我们必须工作更长时间，一直工作到70多岁甚至更晚，如果在55岁时被淘汰，这对个人来说简直是灭顶之灾。我们也知道，一旦人们不再工作，他们的健康也会每况愈下。

当我教书的时候，我说："我62岁了，但我仍像40岁一样精神矍铄。"有人反驳我说，"但你比40岁的人多了20年的经验。"他说得没错，随着年龄的增长，人们的经验也随之增多，就能教给学生更多知识。

这就引出了关于出生年代的谬论。人们对"X一代"、"Y一代"、"婴儿潮一代"有很多没有事实依据的刻板印象。他们说，"'Y一代'喜欢有意义的工作，虽然我是个嬉皮士，但我就不想做有意义的工作吗？"或者说，"虽然'Y一代'技术水平高，但是我们的技术水平也不差。"这种言论太过拘泥于年龄，真的很糟糕。我和安德鲁在书中写道："不要因为年龄对一个人产生偏见，要多关注他们的能力。一些大型会计公司会解雇55岁以上的员工，这未免太荒谬了。"

因此，管理者的另一项任务是充分利用不同年龄层的员工?

琳达·格拉顿：自然。我和安德鲁一直在我们的网站（www.100yearlife.com）上收集数据。我们发现，30岁和70岁的人对工作的看法几乎没有什么不同。如果一位70岁的人也填写了我们的调查，那他想要保持健康的想法跟30岁的人一样。

有一两件事可以帮助跨年龄指导。一般来说，老年人更关心工作与生活的平衡，他们经验丰富。所以，在你30岁的时候，为什么不接受年长人士的指导呢？第二件事是，年轻人对于如何建立声誉更加耳熟能详，因此为什么不让年轻人帮助年长的人建立声誉，尤其是在社交媒体上？

我们是否混淆了领导和管理这两种工作?

琳达·格拉顿：这是两种不同的工作。领导人展望未来，接触外界。从利益相关者或投资者的角度，或者从人们如何看待公司的角度，他们越来越频繁地将公司与外界联系起来。管理者主要是监督底层员工，关注公司大小事宜，负责完成复杂任务。

管理工作引人注目，而且不需要森严的等级制度。我有一个孩子在医学院读书，将来打算当一名外科医生，他告诉我，做手术的一群医生，他们各司其职，但是他们的任务太过复杂，他们在逐渐适应这种复杂的手术任务。有一些章程，列出了你必须做的10件事，这些都是需要严格遵守的。初级护士在白板上面做记录。他们的工作是说"你已经花了四分钟做这个工作了，在这个阶段你应该做完一件事"。那么，那个医院里的管理者是谁？这是一个非常好的团队，有人在管理他们，但实际上，谈到谁是管理者的问题时，你会说："管理者是首席外科医生，但也是这个护士。"

另一个例子是：去年，我在国家剧院观看一些大牌演员的表演，当我看到舞台经理走开时，演出中断了。然后，这场精心制作的演出失败了，因此舞台经理对于演出至关重要。再问一遍：那里的管理者是谁？他肯定不是地位最高的人。在任何复杂的任务中，必须有人宣布："我们必须立刻做这些工作。"但这不一定是一个高地位的角色。

在歌剧中也是一样的：一个朋友告诉我一个女歌剧演员遇到了困难，抱怨她不得不戴假发。舞台经理说："明天，在舞台上，即便你不戴假发，也会有别人戴。"换句话说，不管有没有你，这部剧都会继续下去。

在管理中，我们倾向于把一切都看得那么等级分明，认为管理者是最高级的员工。但实际上，管理者可能只是负责一项任务。只有这样想，你才会抛却那些不合理的看法。管理者的任务是制定规则。如果您正在运行一个虚拟团队，那么团队需要遵循一组规则。管理者的工作就是监督员工遵循这些规则。

您指的是过去所谓的"自我管理团队"吗?

琳达·格拉顿：这个团队有一个流行语：我没有时间关注别人。当工作很简单的时候，可以进行自我管理的团队很轻松，甚至不需要管理者。但对于复杂的任务，就需要一个管理者。人们都很忙，他们没有时间关注其他员工。所以首先，管理者必须确保团队成员相互了解。

您为什么如此关注歌剧团呢?

琳达·格拉顿：歌剧团是一个非常复杂的团体。其中有天后，有一直坐在观众席的候选者，有合唱团和管弦乐队。有时你可能只有一两天的时间来排练，这令人震惊。歌剧团的运行真的很复杂。

另一件有趣的事是排练，我参加了很多排练，这比管理者的工作更复杂。在管理中，我们陷入了一个困境，那就是每个员工都必须对彼此友好。这并不是指责歌剧团残忍无情。他们只会说"让我再练一次"和"让我们再练一次"。他们所做的事情之一是，如果教练在排练，而你是一个歌手，根据你的表现他来找你谈话，教练的助手会记笔记，然后将笔记扔给你说："笔记上写的是彩排中你的注意事项。"而在工作场所，我们却没有这些纪律。

我认为管理是一门学科。这门学科很复杂，也很困难，而我们通常并不看好未能尽职尽责的管理者。管理者会如何对待表现不佳的员工？这是在歌剧排练中教练一直在做的事情。

管理不容易的部分原因在于对管理者的培训，以及外界对管理的误解。他们认为：每个人都可以成为一名管理者，你只需要关注员工……但做一名合格的管理者真的很难，而且我们低估了工作的难度，低估了他们的工作量。

我们能把歌剧排练方法运用到工作中吗?

琳达·格拉顿：排练的时间是临时定下的。教练并没有说：“我将在六个月后的四点钟和你见面，和你谈谈你即将要做的表演。”只会说：“你现在就开始排练。”而且他们这么做是经过深思熟虑的。

他们非常专注于任务，仔细观察、留意周围发生的事情，及人们的反应，然后他们给出详细的反馈，然后他们把反馈写下来发给演员……我不知道有哪个管理者会这样做。但要做到这一点，管理者必须时刻关注着周边环境。

一旦节目开始，负责该节目的管理者们就可以密切关注节目，确保节目正常进行。有些管理者需要反复确保节目的进行。

所以我想我要说的是要么不做这份工作，要么做得面面俱到，效率更高，不能敷衍了事。

附录 7

玛格丽特·霍夫曼

玛格丽特·霍夫曼是一位作家、商人和顾问。过去她在电视行业工作，且经营过几家 IT 公司。她的书《故作视而不见》（*Wilful Blind*）成为畅销书，紧随其后的是她最近出版的《更大的奖励》（*a Bigger Prize*）和《无法估量》（*Beyond Measure*）。

“管理”这个词对您来说意味着什么？

玛格丽特·霍夫曼：“管理”这个词既有积极的一面，也有消极的一面。它的积极方面是，经营公司时，能够雇用优秀人才，并创造条件，使他们能够把自己的工作做得最好。这简直就是一件完全令人激动的、美妙的事情。你期待着工作有所进展，每当这时候，大家都很振奋。你看到员工们在成长，会感到无比自豪，你认为这是世界上最棒的工作。我想，每隔一段时间，每当工作取得成效的时候，你都会有类似的感受。很多曾经在我这里工作过的员工都有自己的企业，他们做得非常好，我想，他们在我的公司里学到了很多，以至于想从事类似的职业，对此我感到非常自豪。

那么，简单地说，这就意味着招聘人才，为他们提供良好的条件？

玛格丽特·霍夫曼：我想还不止这些。管理同样需要约束，因为创造性是与自由和约束联系在一起的。在管理中，既要做到严格要求，也要适当放松对员工的约束，这种约束是刺激的和鼓舞人心的，而不能致使员工精神崩溃。我在 BBC 开始了我的职业生涯：如果你要制作一个半小时的节目，那么它必须是 27 分 30 秒。对于这一点，专业写手可以做到，而业余作家却做不到。所以我认为约束是创造性的驱动力。

所以这不仅仅关乎自由，你要确保约束合理且有意义，适合企业发展环境。通常，管理者从员工身上看到的潜质比员工自己想象的多，或者与他们想象中的不同。我曾经遇到过这样的管理者，他们挖掘了我的潜质。因为工作环境中人文、市场和科技这些因素相互掺杂，所以我喜欢和其他员工共事，便于寻找机会。

和我共事过的最有创造力的是软件工程师。在我看来，他们是有创造力的人才，他们的工作也是富有创造力的。

这就是我认为的管理中积极的一面。

从实际上来讲，消极的一面可能会有更多，管理限定了员工的工作安排，其中的细节冗长而难懂。制定了公司的规则，包括标准化的操作程序，指导手册；规定了企业文化、奖励结构、激励政策，并运用绩效管理制度衡量员工业绩，而这些都毫无意义。我希望管理者坐在公司里，掌控全局，处理复杂工作，确保每个员工都各司其职、不做多余的事情，确保没有员工会在他们的工作描述中，讲“房子着火了”这种与工作无关的事。

我认为这种管理模式极受商学院、经济学家，以及那些更喜欢机械的管理理念而不是自由模式的人的青睐，这种状况令人厌恶。

所以您认为这是一个极为僵化的管理模式？

玛格丽特·霍夫曼：如果没有衡量标准，这种模式就没有价值。然而我认为，无法衡量可能意味着它是最有价值的模式，毕竟它是一种非常注重数字的模式。

当我在美国负责软件业务时，公司有一个首席投资者，他是一个数学天才，也是一个非常有创造力和想象力的人。我对他非常尊敬。他的投资客户大约有 40 家公司，我曾经问他：“你怎么知道你的公司里发生了什么？”他说：“我只看报表。”到目前为止他是我这辈子见过的最聪明的、最能读懂报表的天才，但我知道他不清楚自己公司里的具体状况。

我认为，这种完全相信数字的模式是一种非常糟糕的管理形式。从来没有任何一家公司能用数字论证一切事实，无论是有利的还是不利的事实。

如果让我比较诞生自工业革命的机械模式和自由模式，我更倾向于自由模式，它摆脱了固有模式的束缚，有利于员工发挥。机械模式旨在消除所有的错误、生产完美的小部件。我认为真正有趣的是，你会发现一些公司并没有这样的看法，但它们通常同时拥有这两种特质。举个例子，你认为制药公司一定会有创造力强的员工，科学家一定擅长创新，但是如果在生产时，你没有做好工业上的缺陷管理，那么你生产的东西是不安全的。有趣的是，当这两种方法相互冲突时，我经常看到，工业思维影响创意文化。我认为制药公司陷入困境的一个原因是QA（质量保证）的思维方式代替了研发。所以虽然你有理想、有天赋想做伟大的事情，但环境不允许。

质量保证型模式以及批量生产是关乎效率的，然而创造力和创新不是。这也解释了系统思维领域一片混乱的原因，毕竟这两者需要共存，但是没人知道该怎么把它们完美结合起来！

在我的书中，我经常提到一个人，他是我最喜欢的科学家，名叫乌里·阿隆（Uri Alon），他在魏茨曼科学研究所（Weizmann Institute）工作。他认为，如果你想在某一领域取得突破（他的实验室确实做出了很多突破性研究），你就一定会经历一段茫然期，在此期间你完全不知道自己应该干什么。如果你没有经历这一时期，那就说明你所做的工作不是创造性的，然而创造性的工作必须有所突破。无论是情感层面、才智层面还是经济层面，想要有所突破都是很难的，这需要来自社会的支持。因此很多公司只想到它的混乱（这是事实），却没意识到这种混乱是不可避免的。

所以您强调通力合作的必要性，您曾说："不能半途而废，因为你还有机会有所突破。"

玛格丽特·霍夫曼：没错，但是如果你中途放弃，你就不会认识到这一点。因为如果你退回到自己的舒适区，你就永远不会取得突破，这是很可怕的。

如果你每天沿着同一条路线回家，你就不会在途中看到新的景物。但是如果你换一条漆黑的小路，你可能会有点害怕，但你更可能有所发现。

现在我要为效率辩白几句，拿丰田公司举例，虽然它后来遭遇了失败，但它也曾辉煌一时，而这就要归功于它们对高效率的不懈追求。

玛格丽特·霍夫曼：没错，有一点我们必须说清楚，具有创新思维的设计师设计出的轿车，你我都不愿意开。近几年，轿车的安全性提高了，一大原因在于生产汽车的流水线日趋完善。但是，最重要的是我们要认识到自己在解决的问题到底是什么。根据我的观察，由于这种工业化思维模式非常注重数据，也十分高效，以至于人们过于信任这种思维模式，甚至觉得它无所不能，但这是不对的。

所以数据是解决不了所有问题的?

玛格丽特·霍夫曼：我认为有两点很重要。在我参加过的股东大会中，大多充斥着有着海量数据的报表。我觉得没几个人能搞明白这些数据到底是什么意思，然而他们还一直想要看到更多的数据。

就这样，数据成了人人爱用的借口。而且现在科技的发展让我们能够得到大量的数据，这样我们就更加重视数据。

虽然数据不能解决所有问题，但毋庸置疑的是，大数据还是可以给我们提供很多有价值的信息。但是你必须学会提出好问题。我跟很多数据科学家聊过，他们都认为机器能解决一切问题。说这话的人一般是销售人员，他们想要诱使你相信，人类员工已没有存在的必要，只要有数据就足够了。这种论调可称之为推销员话术或者宣传话术，相信你也知道，这道出了一部分事实，但绝不是事实的全部。

领导力和管理之间的区别是什么？我们是不是耗费太多心力在他们的区别上了?

玛格丽特·霍夫曼：很长一段时间以来，我都对“领导力”这个词相当敏感，我觉得这个词显示出一种自负的态度。我也从来没把自己当成一个领导者。“领导”这个词从来就没出现在我脑子里过。

但我已经改变想法了，部分原因是工业化和创造力、紧凑的流程和松散的工作态度之间的矛盾。领导者有义务想清楚我们正在做什么，我们正在面临什么问题以及为了实现目标我们应该做什么。不过，我渐渐意识到领导者的工作还包括去理解、发展、表达、监管企业和社会之间的关系。

有些问题一直没有定论，那就是究竟是企业服务社会还是社会扶持企业，以及管理企业究竟算不算一门生意。我坚定地认为，是企业服务社会，因为如果社会不存在，企业也会无以为继，还因为社会比企业要庞大复杂得多。但是，必须由企业领导者来承认、协商以及不断定义这种关系。

但是，您经营科技公司的时候，您的办公室门上连领导的门牌都没有。

玛格丽特·霍夫曼：我的办公室没有门！我知道我是总经理，但是我的工作是为企业服务。如果说企业需要写代码的专业人士，而我又没有这方面的技能，那么我的工作就是给那些会写代码的员工买比萨，保证他们的需要；如果这些负责代码的员工缺乏足够的资金，那我就会奔波于全国上下为他们筹钱；如果企业需要我去向投资人解释汇报我们的工作，那我就会去做。总之，我的工作是为企业服务。

在科技领域，管理是否有所不同?

玛格丽特·霍夫曼：对这个问题，我有两个截然相反的看法。第一个是：如果你不知道某一项科技能给人们的生活带来什么改变，你是无法经营好科技公司的。因此领导者必须具备丰富的想象力。在科技领域，有些领导者没有做到这一点，他们只考虑了科技本身，却没有思考科技给使用者带来哪些影响。纯粹的科技工作者是当不好领导的，而那些只会做领导的人是管理不好科技公司的，因为他们看不到科技可能带来的潜在后果。因此管理科技公司是很困难的，生物科技领域也是一样的道理。

如果一家企业的主要工作是发明创新，那么他一定面临着艰巨挑战。这种情况下是做不了市场调研的，你必须做好经常遭遇失败的准备。你必须要有毅力，时刻在流程化和创造力之间取得平衡。

科技公司的运营方式注定与传统企业有别。运营科技公司的风险是巨大的。你要掌控好速度，不能让你的企业成长太快，正如你不能让自己的子女成长太快一样。如果你的孩子早熟，他可能会染上一些中年人才有的坏习惯。

有些公司想要引进高科技、实现数字化，它们注定会面临巨大挑战，因为他们不知道该保留哪些员工、项目、方法，也不知道该抛弃哪一些。

科技公司需要这样的管理者：他们了解、重视员工并与他们交流；他们会关注投资回报率；他们知道企业和其所服务的社会之间的关系需要充分协调。这些并不是可有可无的。如果你想要从一个成熟市场中赚取稳定收益，你就必须和有能力、有才智的同事一起工作。因此领导者必须做好管理工作。

对于近期兴起的这种多年龄层段的员工在一起工作的现象，您怎么看？

格丽特·霍夫曼：与工程公司合作时，征得其允许后我仔细研究过这个现象。我当时问了这么一个问题：这家公司里的员工想在多大年纪退休？答案出现了严重的两极分化：年轻员工想在50岁的时候退休，而年长些的员工想在100岁的时候退休！

你看，大家出现了分歧。但是如果员工接受年长员工的督导，这个问题就可以得到缓解。因为年长员工积累了很多人生智慧，他们也经受过很多复杂的工程，可以给予年轻员工很好的指导。另一方面年轻员工非常渴望这些经验和知识，也希望得到前辈的指导，同时他们的青春活力以及包容的态度也会感染他们的前辈，让他们也充满活力，灵感涌现。整个过程中真正起作用的是年长者的阅历和价值观，而不是单纯某个人带来的影响。

问题的关键在于公正和平等。依我看，最重要的问题是：凭什么上一代人有养老金以及各种保障金，长时间享有生活保障，而这一代的年轻人却不能跟企业签订长期合同，也没有养老金等保障？必须解决这些不公正的问题。年轻一代当然也需要安全感，他们也渴望上一代拥有的那些保障，如养老金、保障金等等，他们也想在一个离家近的地方工作。当然这不代表他们会永远做同一份工作，你我也是如此。

迈克尔·金斯利（Michael Kinsley）说，如果我们希望“婴儿潮一代”成为伟大的一代，我们就必须为他们提供经济援助。我们需要在经济上给他们提供支持，让他们有生活保障。我们必须帮年轻一代分担一些他们肩上的担子。

哪些事情能带给我们希望？

玛格丽特·霍夫曼：我目睹了很多好事情发生，尤其是前后辈之间发生的事情。我喜欢跟年轻人一起工作，因为他们让我感觉自己也年轻了许多。而且我觉得，他们也喜欢和我一起工作，原因有很多：我有很多知识和经验，我对他们很感兴趣，我愿意倾听他们，我愿意花时间了解他们，而且虽然我知道自己掌握了很多知识，但从不自以为是。

无论是营利性企业还是非营利性企业，他们都能够解决我们面对的问题。

回顾我的事业道路，我发现在跟优秀的同事共事的时候，我们都不觉得自己受到了别人的管理。我们只是通过一起工作做到了单凭一己之力做不到的事情。有时我做领导，有时则是别人做领导。但是，在此过程中你会经历特别激动兴奋的时刻，一旦工作取得了进展，你也觉得自己获得了成长，而这才是管理工作真正收到成效的时刻。这时，你收获的是一份妙不可言的经历。

附录 8

罗布·戈菲和加雷斯·琼斯

罗布·戈菲和加雷斯·琼斯不仅经常合作开展各种讲演活动，他们还一起完成了颇具影响力的书籍，包括《公司精神》（*The Character of a Corporation*）、《你凭什么领导别人》、《聪明人》以及最近出版的《人们为什么应该在此工作》（*Why Should Anyone Work Here* ？）。

加雷斯·琼斯：（眼睛望向电子录音机）我怎么看不见录音带？

（笑了）

"管理"这个词对你们来说意味着什么？

罗布·戈菲（问加雷斯）：你先说吗？

加雷斯·琼斯：它意味着协调。在任何一个有劳动分工的社会中，都存在马克思所说的"必要的协调工作"，这种工作一般由所谓"管理者"来做。但是，是否只有管理者才能做好这份工作是一个有意思的问题。

罗布·戈菲：我认为，管理学在媒体上受到太多批评。正如加雷斯所说，管理学是关乎协调的，然而商学院的年轻学生更感兴趣的是如何创业、如何培养领导力和创造力、如何成为金融高手或者顾问。我很好奇究竟有几个年轻人来到商学院，说自己想当一个管理者。我想这样的年轻人还是有的，而且一些商学院仍然自称为"管理学院"，但我认为这个词现在已经很少有人提了。但这不代表管理者所做的工作不重要，正相反，我觉得它相当重要。

很多大企业的客户来到伦敦商学院这种学校，说他们想提升自己的领导力，而且他们也确实需要提升，但这听起来没什么意思。

很多富有创造力的企业都需要提升自己的管理技能。他们也许需要更好的领导力，但他们一定需要提升管理能力。不过这些听起来都很无聊。

加雷斯·琼斯：关于领导力，我们写过很多内容，不过我经常会在做出评价前说一句："这并不代表管理不重要。"实际上我们俩做得最多的工作就是提升人们的管理水平。

就拿"进行艰难的对话"这一条来说吧，一旦你知道有多少管理者完全做不到这一点，你一定会惊讶万分。他们觉得和员工讨论业绩问题实在太难了。这个问题不止在英国存在，全世界都一样。你无法通过指导将一个能力很差的人提升至高水平，但是你能让一个资质平庸的人变得优秀。你可以教会他们很多技巧和方法，这些都可以提升企业的业绩。

因此我对"管理"这个词是没有什么异议的。但是有个问题很有意思，如果你去关注人们对医保这类事情的讨论，你就会想问，责任到底在谁身上？有人说这要归罪于"冗余的管理层级"，然而这肯定不是真正原因。医保体系是个高度复杂的系统，需要很多管理人员，处理交接事宜。然而最关键的角色，也就是顾问们，对管理学并不上心。总之，管理工作必须有人来做。

罗布·戈菲：《聪明人》这本书中描写了我们称为"聪明人"的一群人，如果说我们正在迈进一个知识经济时代，企业里到处都是这种"聪明人"，但大多数的他们都对管理学兴趣寥寥。他们真正感兴趣的是他们的专业知识和个人贡献。

德鲁克说，管理有时会增加人们工作的难度。

加雷斯·琼斯：在一个非常偶然的机会下，我回到了BBC电视台［加雷斯曾在那里做过人力资源部总监，当时他的上级是格雷格·戴克（Greg Dyke）］。当时大概是去参加一个退休职工的聚会，人们走过来跟我说："你是加雷斯·琼斯是吧？"我说是，然后他们说："你以前当过人力资源总监对不对？"我再一次表示肯定，他们又说："你当时干得不算太糟，没给我们添太多麻烦。"实际上，我觉得这算是对我的恭维，因为很多人力资源总监都给员工添了麻烦。

在BBC这种工作环境中，你希望和优秀的节目制作人一起工作、破除一切阻碍，来制作优秀节目。

罗布·戈菲：这就要说到我们的第一本书《公司精神》，也就是社交性。聪明的人都想去我们称之为“共同体”（communal organization）的企业，像苹果、谷歌这些能够改变世界的公司。或者他们想去所谓“松散的企业”（fragmented organization）工作，这种企业凝聚力低、社交性差，比如投资银行或者各种专业服务公司。他们想要在这些奇怪的地方工作，因为在这些地方，他们可以积极主动地工作，也可以和才华横溢的同事一起来改变世界。他们不喜欢所谓的“网络文化”（network culture）公司，也就是社交性强、凝聚力差的企业，他们中的极端例子就是那些政治性强、排外、重视等级、管理过度以及领导不足的企业。他们讨厌的工作场所还有我们称之为“无良企业”的一些公司，他们凝聚力高、社交性差，这种企业总是推出各种举措，想想英国国家医疗服务体系过去20年发生的事情，那些管理者压根不知道顾问们究竟在做什么工作，却一直在推出各种方法和措施，因此这些措施注定是不恰当的。

许多规模庞大且结构复杂的企业往往追逐财富或者重视社会联系，这也是那些优秀能干的员工避之不及的。这也是管理学声名狼藉的原因，因为它们往往跟一些运转不良的政府官僚机构或者企业有关，这些组织往往存在管控过度或者管理措施不当的问题。

管理学不受欢迎，一部分原因在于企业本身不受欢迎。

加雷斯·琼斯：几年前我在英国葛兰素史克公司工作，和理查德·赛克斯博士（Richard Sykes）共事，他当时是研发部门的主管。他们当时正在研发先锋霉素抗生素（cephalosporin），这是一种效力极强的抗生素。然而研发出的三种抗生素都在临床试验阶段遭遇失败。他们研发这些药物花费了一大笔经费。赛克斯给团队领导写了一封信，信上说：非常感谢你终止了这个计划。我觉得这种管理模式是非常有创造力的，因为对于制药业的业内人士来说，他们凭借本能便能判断出新研发的药物会在最后阶段失败。你不能用传统的方法去搞创新，因为药物的研发会遭遇失败。你能做的只有鼓舞人们继续努力。那封信的结尾这样写道："我们下一步该怎么做？"

顺带一提，音乐产业也是如此。宝丽金（PolyGram）的老板阿兰·利维（Alain Levy）曾说："我从来不会因为员工买进不良债券而开除他们，因为如果没有这种失败的经历，他们就学不会判断债券的好坏。"他说得有道理。你不能一上来就跟员工说："我希望你用三个星期拿下一个大订单。"

所以，管理者要学会在权衡利弊之后，抛掉恐惧心理，适当冒险做一些尝试?

加雷斯·琼斯：是的，当然这并不会导致管理工作的消失。毕竟如果你买进的都是不良债券，你一定会被开除。如果你研发的药都没有价值，这对谁都没好处。

赛克斯曾说："这个公司里的核心人物是一位实验室科学家，所以该公司最重要的业务是做科学研究。"但保罗·吉洛拉米爵士确实让雷尼替丁（Zantac，药品名）的价钱涨了三倍，这确实很了不起。

保罗爵士是不是常常去跟子公司的管理者谈话，向他们询问情况，看看有哪些信息是他不知道的?

加雷斯·琼斯：与上下级紧密联系确实是一种流行的管理模式。如果管理者不这么做，他获得的信息就是经过筛选的，而不是全部。

罗布·戈菲：在一家成功的企业做管理者，你能获得丰富经验，而很多企业却低估了管理的价值。

加雷斯·琼斯：几年前我和罗布担任过联合利华一个项目的讲师，这个项目叫作"国际管理学年"（international management seminar）。参与者都是30多岁的管理者，都非常有意思。

罗布·戈菲：联合利华的目标是让这些人不再受规则的束缚，跳出自己所在的企业和文化思考问题。你猜最后怎么样了，这些人各方面都获得了发展，收获了经验，而这些经验毫无疑问提升了他们的领导力。

加雷斯·琼斯：这些都是丰富的早期经验。

罗布·戈菲：这些复杂的管理学培养项目是如何做到这一点的？但是由于企业的不重视，这些项目鲜少有人问津。

如果你站在雀巢公司或者联合利华公司的30岁到40岁之间的经理面前，你多少会感受到一些威慑力，因为他们都太优秀了。而他们之所以这么优秀，是因为他们都接受过管理学方面的培训。

加雷斯·琼斯：我记得有一个联合利华的营销人员，他被派去意大利北部经营一个工厂。在此之前他从未有过类似的经验。他在当地乘坐出租车时，正好碰上罢工运动。然后他就想："我的老天，我以前可从来没处理过这种事，营销部门从来没闹过罢工。"然后他问司机这是怎么回事，司机说："这没什么大不了的，每次一位新领导上任，他们都要罢工。"不过在那里工作几年以后，他完全变了个人。他最终成长为一名能掌控一家大企业的优秀领导。

能干的管理者们有很多技能，如果他们能把这些技能和领导力结合起来，他的企业一定会非常成功。

接下来咱们可以聊聊企业里规则太多的问题。

加雷斯·琼斯：我们认为企业的规则在精不在多。对一些企业来说，保证安全是非常重要的，但出于此，他们往往会设置过多的规则。我曾对BBC的总制片人说，电视台的规矩太多了，没有人可以做到完全遵守这些规矩，也就是说大多数规矩根本起不到作用，是多余的，回想一下吉米·萨维尔丑闻你就知道了。

罗布·戈菲：虽然各大企业往往极力摆脱各种规矩，然而事实证明这些规矩以后还会出现。在我们的新书《人们为什么应该在此工作》中，我们提倡企业精简其内部规则。然而有关简单规则的话题有很大的争议。另外，过多的规则一定会招致优秀、创造力强的员工的不满。

这件事难度很大。马克斯·韦伯（Max Weber）曾说："一旦企业达到一定的规模，各种官僚作风就会浮现。"他说得有道理。问题的关键是设立人们信服的规矩。通常情况下，员工根本不明白这些规矩的意义何在，于是官僚体系的弊端就凸显出来，而这不是韦伯的本意。但是系统化的规则确实有必要存在。

加雷斯·琼斯：这种区别就是系统化和官僚体系化的区别，前者是一个优秀企业必须做到的，后者则充斥着很多没有必要、意义不大的规则。我们的实用建议是：每次你增加一条企业新规，你就必须删掉两条旧的。不然企业内的规则只会越堆越多。规则在精不在多。

罗布·戈菲：与其增加一条新规，管理者还不如增加对员工的信任。这无疑有风险，但也可能效果显著。

加雷斯，为什么你认为管理学依然存在形象问题？

加雷斯·琼斯：部分原因在于泰勒主义的影响。泰勒把人的工作分为跟思考有关的“概念性质”工作和与实践有关的“执行性质”工作，他认为前者主要是管理者的工作。而许多现代企业仍然深受他的这种分类的影响。大量数据表明员工参与度不高，而这实际上要归因于他的这种理念。

泰勒主义造成的其中一种影响是：一旦管理者尝试做出修正，你就可能会遇到来自下属员工的阻力。20 世纪 40 年代，唐纳德·罗伊在他的一些极具开创性的文章里，用一种很美的方式描述了这一切，这些文章是《效率和解决方法》（*Efficiency and the fix*）和《机器商店里的额度限制和骗术》（*Quota restriction and goldbricking in a machine shop*）。他描述了人们如何占计件制的便宜。他说：“在我的机器商店里工作的都是一些很聪明的人，美元的标志在每一台机器上闪烁着。”我们现在知道了，人们总会想出办法利用计件制的漏洞。领导还不如跟工人说：“你们自己怎么不去发明一个新系统？”这样我们至少在一件事上达成了共识。

我们怎样才能消除泰勒主义给当今职场造成的负面影响？

加雷斯·琼斯：唐纳德·罗伊说：“我穿上潜水衣去水底游了一圈。”在 20 世纪 40 年代，这无疑是一种令人难以置信的想法。我们应该让管理者时时掌握公司的情况。最初我合作的企业里有巴斯啤酒厂（Bass brewers）。如果你是这个啤酒厂的董事之一，你的工作内容里有一项就是每天都要去一次酒吧（不一定是巴斯啤酒厂），观察里面的顾客。那家企业的主席跟我说：“你是我们遇到的第一个喜欢我们产品的顾问。”

我很欣赏注重将理论应用于实践的美国主义。如果你从事的是管理工作，却不去关注最现实的问题，你对这个世界的认知就不是真实的。你了解的就不是事件的全貌。

罗布·戈菲：困难在于，管理者通常觉得自己根本没时间走出办公室去亲自了解情况。他们误以为他们可以通过电脑了解到所有信息。他们都在努力达成短期目标。在我们的新书《人们为什么应该在此工作》中，我们眼中最优秀的企业不是那些股份制巨头，他们拥有特殊的所有制结构。当然不是说所有公司都如此，但绝大部分是这样，这就使他们拥有了长远视角。我认为，管理者如果不准备付出长期努力去优化企业及其管理，它们就不会有长远的发展前景。他们专注于一些短期目标，整个企业也会变得短视。

企业是否能避免失败的命运？

罗布·戈菲：优秀的企业文化可能会在你不知情的情况下完全走样，等有人意识到这一点往往为时已晚。这时情况虽然不乐观，但你必须努力走出困境。

加雷斯·琼斯：玛莎百货（Marks & Spencer）就是很好的例子。它们用了很长一段时间跻身零售业前列，到最后高级管理人员完全不了解企业状况，然而那些了解状况的员工所处的层级不高，说话没有分量。因此整个企业与现实世界脱节了。显然商学院就存在这样的风险，尽管商学院里的学生个个都是人才。

我以前有个学生特别聪明，他经常在课上讨论进行到一半的时候就举手想要发表观点，因为他已经有结论了。这样过了三个星期，我对他说："你给我听好了，以后在我的课上不许这样，我要让你知道一个正常人应该是什么样！"他很识相，回答我说："我知道了。"

罗布·戈菲：我经常对学生说的一句话是："领导者会影响文化的演变。"人们似乎很认可这句话。但我同时又说："领导者管理不了文化。"领导者能够影响文化的演变，通常情况下是用他们自己的实际行动影响。但文化本质上是行为的结果，而行为是可以管理的。

你管理的其实是人的行为，而这会在很大程度上影响文化的演变。但是，管理行为似乎没有因此受到肯定，因为我们关注得更多的是领导对文化的影响。

加雷斯·琼斯：这就是协调的工作。

罗布·戈菲：而且在知识经济中，给企业带来挑战的是处理这些重合部分的方式以及环境。这就是协调管理的艺术。

加雷斯·琼斯：现在有些人管它叫供应链管理，但其本质上也是协调工作。

附录 9

汤姆·彼得斯

汤姆·彼得斯是最早的（而且是很多人心目中最杰出的）管理学大师。1982 年，他与罗伯特·沃特曼（Robert Waterman）合作完成了《追求卓越》（*In Search of Excellence*）一书，从那以后又出版了十几本著作。不久，他还会有新书出版。

听到“管理”这个词，你最先想到的是什么？或者说这个词对你意味着什么？

汤姆·彼得斯：彼得·德鲁克的很多观点我都不赞同（不过通常情况下我不会这么说）。但是曾经有人问他，他认为自己最杰出的贡献是什么。他回答说，他把管理学重塑成了”一门自由技艺”（他很可能没有用“重塑”这个词）。我觉得这句话很棒，但这也是为什么我觉得商学院一无是处的原因。

现在，我正在写一本书。这本书的背景是这样的：科技正在向我们席卷而来。相信你已经听过不少预测，说科技会使许多白领下岗；如果我们想渡过此劫，我们就不能只会安装人工智能软件，而那些幸免于难的人很可能会以一种极具创造力的方式改变我们的生活；或者其他诸如此类的话。

我最近读了一本书，是保罗·卡拉尼什（Paul Kalanithi）的《当呼吸化为空气》（*When Breath Becomes Air*）。这本书的作者是一个神经科医生，已经患癌去世了。这是一本好书，也理所应当地收获了很多赞誉。不过我在阅读它的时候产生了一个想法：这位医生曾挽救了很多人的性命，这是很有意义的事，但是管理者同样影响着很多人的人生。因为管理是对人事的安排，实际上是所有人类活动的制高点。不管具体帮助了多少人，我们都是在努力帮助我们的同胞。

已故的电影制片人罗伯特·阿尔特曼有一句经典名言。当他拿到奥斯卡终身成就奖时，他曾说，一个制片人的职责是让演员能够突破自己，成就那个连他们自己都不敢想象的自己。我觉得，这句话也同样适用于在伦敦经营一个小家政公司的老板。

管理很重要，它在未来可能会发挥出很重要的作用。商学院把管理学教育简化成了对营销手段、记账方法等的教育。我的顾问跟我说，有个现象很有意思，那些26岁的商学院学生唯一感兴趣的就是金融和营销，然而等他们到了38岁来接受管理者培训，他们就只对如何管理员工感兴趣。

有些人对领导力和管理做出区别，你怎么看待这种区别？

汤姆·彼得斯：我的观点是，所谓管理和领导力之间的区别纯粹是无稽之谈，这种说法对工作一点帮助也没有。不管是管理工作还是领导工作，都是关于如何让人类把事情做成的。简单来说：一名优秀的管理者一定是一位好领导，反之亦然，明白了吗？说别的都是多余。

我很欣赏沃伦·本尼斯（Warren Bennism），虽然我并不认同他的观点，但我也不会批评他。

如今科技迅猛发展，这种背景下管理工作是不是越来越难做了？

汤姆·彼得斯：人类依然没变。尽管管理应用的大背景发生了变化，但里面涉及的人的因素却不会发生大的改变。我现在正在看一本很棒的书《专注：把事情做到极致的艺术》（*The Distracted Mind*），这本书主要讲的是科技对人类大脑造成的破坏。几年前，弗兰克·帕特诺伊（Frank Partnoy）写过一本好书《慢决策》（*Wait*），这本书讲的是人类和动物最大的区别就是，人类能够随时停下来，思考一下再行动，这就是人类的特征。

最近科技领域发生了一些事情，这些事情迫使我们换一种方式思考我们生活的这个世界。有些事变得不一样了。

人工智能和强化智能之间的区别值得我们花时间好好思考一下。这些东西是能帮助我们成长，还是会取代人类？

我有一次和全世界顶级的投资公司老板一起吃饭，他问我："你觉得首席执行官最大的问题是什么？"我机智地回答："我能列出50个问题，但我不知道你觉得最严重的是哪一个。"他的回答让我很惊讶，他说："不止50个吧。"

几年前，我曾从工作中抽身12个月，静下心来阅读书籍。我曾经自以为我自己的见识比一般人要高明，后来才发现我的见识甚至跟不上大多数人。阅读并没有让我赶超一般人，但至少我不至于落后他们太多。我可以和真正聪明的人好好聊聊。

人们即将迎来自动驾驶汽车，但是至少他们不会很快被发明出来，距离它们的普及还有一段时间。有很多科技要在至少10年到20年之后才会改变我们的生活，因此在那之前很多事物不会发生改变。

还有一个普遍存在的误解，人们以为我们都在富时100指数或者世界500强工作。但事实并不是这样，我们之中的80%都在小企业里工作，这一点不能忽视。

最近对我影响比较大的两本书是苏珊·凯恩（Susan Cain）的《内向性格的竞争力》，这本书讲的是我们应该倾听占人群一半数量的内向型人，还有一本是弗兰克·帕特诺伊的《慢决策》。这两本书对我启发很大。

然而，现在人们总是在谈论企业革新、灵活发展之类的话题。

汤姆·彼得斯：我最欣赏的投资银行家跟我说，首席执行官应该多读书，我最讨厌人们总是说起"灵活"这个词了。那种自动能让事情顺利进行下去的流程根本就不存在。我之前写过一篇文章《系统的位置：第二位》（*Systems have their place*： *second place*），虽然它没有发表出来，但我认为这是我写过最好的文章之一。这篇文章的主要观点是：文化是最重要的。

我和路易斯·郭士纳是麦肯锡公司的黄金拍档，因为他负责战略，我负责文化，尽管当时我们不会用"文化"这个词。后来他写了一本书《谁说大象不能跳舞？》（*Who Says Elephants Can't Dance*？），书里讲了他在IBM工作的经历，这本书里有一个段落让我忍不住流眼泪，他说他本可能避免一切"软"因素，而聚焦在企业战略上，但文化不是这场游戏的一部分，它就是游戏本身。

文化跟速度无关。去年，我为一个管理项目做演讲，开场的时候我给观众展示了一张我穿女装的照片，当时我去出席一个派对，打扮成了伊丽莎白·凯迪·斯坦顿（Elizabeth Cady Stanton）的样子，她的努力让美国人拥有了普选权。我的第一张幻灯片讲到，从1838年的一次会议开始，直到1920年投票权修正案通过，人们为此付出了70年8个月3天6小时的努力。我当时说："任何项目都应该有坚持做80年的觉悟。"

一旦人们把一个词的英文首字母大写，它就会变成一种宗教，这时它就会丧失本来的意义。我觉得"灵活"这个理念现在就是这样。人们总是嘴上说着"灵活训练"。我觉得我们应该重新提倡德鲁克的理念：管理是一门自由的艺术。

亨利·明茨伯格曾经引用一些研究，研究表明，那些工程、商业之类的专业学校的毕业生比文科生更容易找工作，拿的第一份工资通常是后者的两倍，但是再过20年，后者的薪水会远远超过前者。于是亨利问道，学什么才能为管理学打好基础？这是个哲学问题，不是小问题。尤其是当你想要应对越来越快的变化时，这个问题就更加重要了。

所以反省是很重要的。

汤姆·彼得斯：最近我跟一些银行经理讨论过这些。我提醒他们，并没有法律规定他们必须在45秒以内回复邮件或者短信。我知道，你老板想要你立即回复，而且你也必须回复他，但是你要以一种妥善的方式处理好。从某种意义上来说，这个问题跟哲学完全没有关系。你真正需要的是自律，一个导师或者同事，我们可以放慢脚步。我管它叫"发送的原罪"，你应该在按下"发送"键之前思考5分钟。

在人们还用传真机的时候，我的一位编辑跟我说："我脾气很差，我不想马上给人回复。"传真机时代就已经这样了，如今，人们有了更加快捷的通讯方式，他们更应该多思考。

您认为怎样的干涉才能真正起到作用？

汤姆·彼得斯：在我的新书里，我专门用一章写了领导力，但那个章节的题目是"你可以尝试的29件事情"。里面讲到霍华德·舒尔茨一周去25家星巴克，讲到金宝汤公司（Campbell Soup Company）的前任老板 10 年间写了 30000 条感恩便条。管理者应该走出办公室，去表达自己的感谢。这些事情都是小事，但帮助很大。

现在说说招聘员工的事。有些事情虽然是明摆着的，但是人们容易忽视它。我是西南航空公司（Southwest Airlines）的粉丝，我曾经问它们的前任主席科琳 • 巴莱特（Colleen Barrett）："你最看重员工的什么素质？" 她回答说："一个员工应该学会倾听、会照顾人、懂得说谢谢，还有平易近人。" 不仅飞行员应该做到这些，乘务人员也应该做到这些。我自己也在工作中不断地践行这些原则。

过去 35 年间，我四处游走，宣讲管理学。但我也明白，管理者的手头任务很多，有时候压根没时间走出办公室。

自律很重要，伴侣或者好友也很重要。

一直以来，我都把工作事故归咎于商学院。但是商学院不会教给你上面这些道理。

麦肯锡的一个朋友曾跟我说："谁会成为领导呢？一般能成为领导的人都不会太糟。" 他说到点上了。我们在招聘时往往忽视了那些最重要的品质，诸如学会倾听、会照顾人、懂得说谢谢。我们没有招到真正优秀的员工，也没有提拔该提拔的人，商学院没有教会学生他们应该掌握的东西，却一直在灌输没有价值的东西。

致 谢

我对我曾经的所有上司都心怀感恩，无论是优秀的、才华横溢的上司，还是那些有缺点的领导都是如此，我要感谢他们为此书提供了丰富的素材。20 世纪 90 年代中期，我在英国 BBC 电视台工作过一年，这短短的时间让我初次接触到了办公室政治。在那之后不久，我就去了工业社会（Industrial Society）工作，我很怀念在那里工作的时光。在那里，我首次了解到了跟管理学有关的理念和实践，也是在那里，我遇到了我的偶像和导师杰弗里·古德曼（Geoffrey Goodman），他让我做《今日管理学》杂志的特稿主编，这对我来说是一次重要的经历，因此我对他深怀感激。在 web 1.0 时代，我和帕拉迪普·杰西（Pradeep Jethi）和西蒙·卡金（Simon Caulkin）一起工作。然后《金融时报》杂志给了我一个机会，首先让我做了自由职业的作家，然后做了专栏作家。我非常感激编辑莱昂内尔·巴伯（Lionel Barber），以及另外几十位优秀的同事。《金融时报》真是一个很棒的公司。罗伯特·菲利普斯（Robert Phillips）和理查德·埃德尔曼（Richard Edelman）都是很慷慨的领导者，而且很有想法。高薪研究中心（High Pay Center）的职员都很友善，有耐心，而且对我很宽容，即使我的管理工作做得并不是那么好。这本书的合作作者，卡里·库珀（Cary Copper）给了我很多鼓舞和支持。如果不是他的热情和灵感，这本书是没法完成的。同时我还要感谢我 95 岁的父亲，他富有智慧，性格很好，成熟且富有见解。科根培杰公司也是一个很出色的合作伙伴，他们知道自己在做什么。

最后，我要感谢我的妻子瑞秋（Rachel）、我的女儿乔茜（Josie）和罗莎（Rosa），她们渐渐学会容忍我偶尔的坏脾气，因为在构思这本书的过程中，有时我就是想不出好的句子。

斯特凡·斯特恩

参考资料

引言

Birkinshaw, J (2010) *Reinventing Management: Smarter choices for getting work done*, Jossey-Bass, San Francisco, CA

McGrath, T (2017) *The Boss Baby* [film], Dreamworks Animation, produced by Ramsay Ann Naito

陷阱 1

Collins, J (2001) *Good to Great: Why some companies make the leap... and others don't*, William Collins, New York, NY

Goffee, R and Jones, G (2006) *Why Should Anyone Be Led By You? What it takes to be an authentic leader*, Harvard Business School Press, Boston, MA

Hersey, P and Blanchard, KH (1969) *Management of Organizational Behaviour: Utilizing human resources*, Prentice Hall, Englewood Cliffs, NJ

Rosenzweig, P (2007) *The Halo Effect... and eight other business delusions that deceive managers*, Free Press, New York, NY

陷阱 2

Kets de Vries, M (2006) *The Leader on the Couch: A clinical approach to changing people and organizations*, Jossey-Bass, San Francisco, CA

Marmot, M et al (1991) Health inequalities among British civil servants: the Whitehall II study, *The Lancet*, **337** (8754), pp 1387–93

Piketty, T (2014) *Capital in the Twenty-First Century*, Harvard University Press, Boston, MA

陷阱 3

Lansons (2015) Britain at Work, *Lansons* [Online] http://www.lansons.com/britain-at-work-event/

The Japan Times (nd) Japan Panel Proposes Capping Overtime at 720 Hours a Year, *The Japan Times* [Online] http://www.japantimes.co.jp/news/2017/02/15/national/japan-panel-puts-forth-proposal-cap-overtime-720-hours-year/#.WWSC-VGQyUl

陷阱 4

CIPD (2015) From Best to Good Practice HR: Developing principles for the profession, *CIPD* [Online] https://www.cipd.co.uk/knowledge/strategy/hr/good-practice-report?_ga=2.123483656.245948691.1497960773-1662614946.1497960773

Goffee, R and Jones, G (2006) *Why Should Anyone Be Led By You? What it takes to be an authentic leader*, Harvard Business School Press, Boston MA

Post, T (1973) *Magnum Force* [film], produced by Robert Daley and starring Clint Eastwood as Inspector Harry Callahan

陷阱 5

Nobel Prizes and Laureates (2009) Oliver E. Williamson – Facts, *Nobelprize.org* [Online] https://www.nobelprize.org/nobel_prizes/economic-sciences/laureates/2009/williamson-facts.html

Stern, S (2008) The challenge of straight talking, *Financial Times*, 20 Oct [Online] https://www.ft.com/content/755d8364-9eb8-11dd-98bd-000077b07658

Wise, H (1976) *I, Claudius*, BBC TV production written by Jack Pulman and starring Derek Jacobi

陷阱 6

Bezos, J (2017) Letter to Amazon Shareholders, *GeekWire* [Online] https://www.geekwire.com/2017/full-text-annual-letter-amazon-ceo-jeff-bezos-explains-avoid-becoming-day-2-company/

陷阱 7

Goffee, R and Jones, G (2009) *Clever: Leading your smartest, most creative people*, Harvard Business School Press, Boston, MA

Hamel, G (2007) *The Future of Management*, Harvard Business School Press, Boston, MA

Pfeffer, J (2013) You're still the same: why theories of power hold over time and across contexts, *The Academy of Management Perspectives*, 1 November [Online] http://amp.aom.org/content/27/4/269.short

陷阱 8

Emerson, RW (1841) *Essays: First Series* [reprinted 2007 by digireads.com]

陷阱 9

Gill, AA (2012) The parenting trap, *Vanity Fair*, Dec [Online] http://www.vanityfair.com/culture/2012/12/aa-gill-schools-ruining-our-kids

Koch, C (2016) Hiscox: The art of risk, *Director* [Online] http://www.director.co.uk/14550-2-the-art-of-risk/
Monty Python (1979) *Monty Python's Life of Brian* [film], directed by Terry Jones

陷阱 10

Kay, J (2003) Blog: The High Cost of ICI's Fall from Grace, *John Kay* [Online] https://www.johnkay.com/2003/02/13/the-high-cost-of-icis-fall-from-grace/
Kay, J (2014) Blog: Drug Companies Are Built in Labs Not Boardrooms, *John Kay* [Online] https://www.johnkay.com/2014/05/07/drug-companies-are-built-in-labs-not-boardrooms/
Kennedy, JF (1961) Inaugural Address of President John F. Kennedy, *John F Kennedy Presidential Library and Museum* [Online] https://www.jfklibrary.org/Research/Research-Aids/Ready-Reference/JFK-Quotations/Inaugural-Address.aspx
Thinkers 50 (2011) Henry Mintzberg Interview, *Thinkers 50* [Online] http://thinkers50.com/interviews/henry-mintzberg-interview/

陷阱 11

Drucker, P (1984) Essay, in *Managing in the Next Society*, St Martin's Griffin, New York, NY
High Pay Centre (2015) Made to Measure, *High Pay Centre* [Online] http://highpaycentre.org/files/FINAL_MADE_TO_MEASURE.pdf

陷阱 12

Dweck, CS (2006) *Mindset: The new psychology of success*, Random House, New York, NY
Jacobs, C (2009) *Management Rewired: Why feedback doesn't work and other surprising lessons from the latest brain science*, Portfolio, New York, NY

陷阱 13

Surowiecki, J (2004) *The Wisdom of Crowds: Why the many are smarter than the few*, Abacus, London

陷阱 14

Hunt, V et al (2016) The Power of Parity: Advancing women's equality in the United Kingdom, *McKinsey* [Online] http://www.mckinsey.com/global-themes/women-matter/the-power-of-parity-advancing-womens-equality-in-the-united-kingdom
Wittenberg-Cox, A (2010) *How Women Mean Business: A step by step guide to profiting from gender balanced business*, Wiley, Hoboken, NJ

陷阱 15

Dannatt, Lord (2011) Bill Slim was an inspiration – and the greatest of our generals, *Daily Telegraph*, 8 April [Online] http://www.telegraph.co.uk/history/world-war-two/8436002/Bill-Slim-was-an-inspiration-andthe-greatest-of-our-generals.html

陷阱 16

Bianchi, J (2014) The First 90 Days: Secrets to Succeeding at a New Job [interview with Michael Watkins], *LearnVest*, 10 June [Online] https://www.learnvest.com/2014/06/new-job-success

Freeland, C (2007) Transcript of Interview with Andrew Liveris, *Financial Times*, 1 June [Online] https://www.ft.com/content/9ec78344-1061-11dc-96d3-000b5df10621

Neff, T and Citrin, J (2007) *You're in Charge – Now What? The 8 point plan*, Crown Business, New York, NY

Watkins, M (2003) *The First 90 Days: Proven strategies for getting up to speed faster and smarter*, Harvard Business School Press, Boston, MA

陷阱 17

Fitzsimmons, A and Atkins, D (2017) *Rethinking Reputational Risk: How to manage the risks that can ruin your business, your reputation and you*, Kogan Page, London

Hancock, M and Zahawi, N (2011) *Masters of Nothing: The crash and how it will happen again unless we understand human nature*, Biteback, London

陷阱 18

Birchall, J (2008) Transcript of Interview with Wal-Mart's Lee Scott, *Financial Times*, 6 Apr [Online] https://www.ft.com/content/397effaa-028f-11dd-9388-000077b07658

陷阱 19

Campbell, A (2012) Corporate Reputation: Alastair Campbell, Portland – Nine lessons in strategy, *PR Week* [Online] http://www.prweek.com/article/1152051/corporate-reputation-alastair-campbell-portland--nine-lessons-strategy

Kay, J (1998) Strategic advantage, *John Kay*, 5 Aug [Online] https://www.johnkay.com/1998/08/05/strategic-advantage/

Martin, R and Lafley, AG (2013) *Playing to Win: How strategy really works*, Harvard Business Review Press, Boston, MA

Mintzberg, H (1994) *The Rise and Fall of Strategic Planning*, Free Press, New York, NY

Mintzberg, H, Lampel, J and Ahlstrand, B (2004) *Strategy Bites Back*, FT Prentice Hall, London
Rumelt, R (2011) *Good Strategy, Bad Strategy: The difference and why it matters*, Crown Business, New York, NY

陷阱 20

Davidson, A (1995) UK: The Davidson Interview – Gerry Robinson, *Management Today* [Online] http://www.managementtoday.co.uk/uk-davidson-interview-gerry-robinson/article/410472#mRA4o0vBKbpPwee6.99
Red Letter Days for Business (2015) Lack of Flexibility Is Killing UK Productivity [survey], *Red Letter Days for Business*, 14 Oct [Online] https://www.redletterdays.co.uk/companyupdates/14-10-2015
Saunders, A (2017) Power Part Timers 2017 – Flexible Heroes, *Management Today* [Online] http://www.managementtoday.co.uk/power-part-timers-2017-flexible-heroes/your-career/article/1421373
Working Mums (2016) Mums Forced Out Due to Lack of Flexible Jobs [survey], Workingmums [Online] https://www.workingmums.co.uk/mums-forced-due-lack-flexible-jobs/

陷阱 21

Fishman, C (1996) Whole Foods Is All Teams – Interview with John Mackey, *Fast Company* [Online] https://www.fastcompany.com/26671/whole-foods-all-teams
Furnham, A (2015) Executive Pay: Is it fair? *Chartered Management Institute blog* [Online] http://www.managers.org.uk/insights/news/2015/october/executive-pay-is-it-fair

陷阱 22

Emrich, M (nd) Abraham Maslow (1908–70) [Online] http://www.muskingum.edu/~psych/psycweb/history/maslow.htm
Feder, BJ (2000) F. I. Herzberg, 76, Professor and Management Consultant [obituary], *The New York Times*, 1 Feb [Online] http://www.nytimes.com/2000/02/01/business/f-i-herzberg-76-professor-and-management-consultant.html?mcubz=2
Herzberg, F (1968) One more time: how do you motivate employees?, *Harvard Business Review*, Jan–Feb, reprinted 2003 [Online] https://hbr.org/2003/01/one-more-time-how-do-you-motivate-employees
Kets de Vries, M (2006) *The Leader on the Couch: A clinical approach to changing people and organizations*, Jossey-Bass, San Francisco, CA
Positive Psychology Center (nd) Martin E.P. Seligman [profile], *Positive Psychology Center* [Online] https://ppc.sas.upenn.edu/people/martin-ep-seligman

陷阱 23

Arntz, M, Gregory, T and Zierahn, U (2016) The Risk of Automation for Jobs in OECD Countries: A comparative analysis, *OECD Social, Employment and Migration Working Papers* [Online] http://www.oecd-ilibrary.org/social-issues-migration-health/the-risk-of-automation-for-jobs-in-oecd-countries_5jlz9h56dvq7-en

Chaffin, J (2017) Farm robots ready to fill Britain's post-EU labour shortage, *Financial Times*, 25 Apr [Online] https://www.ft.com/content/beed97d2-28ff-11e7-bc4b-5528796fe35c?mhq5j=e2

Davenport, T and Kirby, J (2017) *Only Humans Need Apply: Winners and losers in the age of smart machines*, HarperBusiness, New York, NY

Dennett, D (2017) Philosopher Daniel Dennett on AI, robots and religion, *Lunch with the FT*, March [Online] https://www.ft.com/content/96187a7a-fce5-11e6-96f8-3700c5664d30

Frey, CB and Osborne, MA (2013) The Future of Employment: How susceptible are jobs to computerisation? *Oxford Martin School* [Online] http://www.oxfordmartin.ox.ac.uk/publications/view/1314

Jacobson, H (2017) A Point of View, *BBC Radio 4* [Online] http://www.bbc.co.uk/programmes/b08ns2m6

Masunaga, S (2017) Robots could take over 38% of U.S. jobs within about 15 years, report says, *Los Angeles Times*, 24 Mar [Online] http://www.latimes.com/business/la-fi-pwc-robotics-jobs-20170324-story.html

Murgia, M (2017) Satya Nadella, Microsoft, on why robots are the future of work, *Financial Times*, 29 Jan [Online] https://www.ft.com/content/7a03c1c2-e14d-11e6-8405-9e5580d6e5fb

O'Connor, S (2017) Never mind the robots; future jobs demand human skills, *Financial Times*, 16 May [Online] https://www.ft.com/content/b893396c-3964-11e7-ac89-b01cc67cfeec

Taylor, FW (1911) *Principles of Scientific Management*, Harper and Brothers, New York. NY

陷阱 25

Cable, D (2007) *Change to Strange: Create a great organization by building a strange workforce*, FT Prentice Hall, London

Erickson, T (2017) The Future of Work: Firms must 'mobilise intelligence', Interview with *Human Resources* magazine [Online] http://www.hrmagazine.co.uk/article-details/the-future-of-work-firms-must-mobilise-intelligence

陷阱 26

Bloom, P (2016) *Against Empathy: The case for rational compassion*, Ecco Press, New York, NY

Littlejohn, B (1998) *Hug Me While I Weep, for I Weep for the World: The lonely struggles of Bel Littlejohn*, Little, Brown, London

Obama, B (2006) President Obama's Visit to Northwestern: Commencement speech at Northwestern University [Online] http://www.northwestern.edu/newscenter/stories/2006/06/barack.html

Peralta, C F and Saldanha, M F (2017) Can dealing with emotional exhaustion lead to enhanced happiness? The roles of planning and social support, *Work & Stress*, **31** (2) [Online] http://www.tandfonline.com/doi/full/10.1080/02678373.2017.1308445

陷阱 27

Bourdain, A (2000) *Kitchen Confidential: Adventures in the culinary underbelly*, Bloomsbury, London

Goffee, R and Jones, G (2006) *Why Should Anyone Be Led By You? What it takes to be an authentic leader*, Harvard Business School Press, Boston, MA

Scott, K (2017) *Radical Candor: Be a kickass boss without losing your humanity*, St Martin's Press, New York, NY

Sociology in Switzerland (nd) Georg Simmel: Biographic Information, *Sociology in Switzerland* [Online] http://socio.ch/sim/bio.htm

陷阱 28

Goffee, R and Jones, G (2006) *Why Should Anyone Be Led by You? What it takes to be an authentic leader*, Harvard Business School Press, Boston, MA

Ibarra, H (2015) *Act Like a Leader, Think Like a Leader*, Harvard Business Review Press, Boston, MA

陷阱 29

Gratton, L and Scott, A (2016) *The 100-Year Life: Living and working in an age of longevity*, Bloomsbury, London

Handy, C (2015) *The Second Curve: Thoughts on reinventing society*, Random House, London

Hill, A (2015) Part Generation X, part baby boomer: why products do not suit me, *Financial Times* [Online] https://www.ft.com/content/f5dca830-89d0-11e4-9dbf-00144feabdc0

Manpower Group (2016) The Can Do, Will Do Generation [survey], *Manpower Group* [Online] http://www.manpowergroup.com/millennials

Turco, C (2016) *The Conversational Firm: Rethinking bureaucracy in the age of social media*, Columbia University Press, New York, NY

Woods, D (2009) McDonald's proves the benefit of an age-diverse workforce, *Human Resources* [Online] http://www.hrmagazine.co.uk/article-details/mcdonalds-proves-the-benefits-of-an-age-diverse-workforce

陷阱 30

CIPD (2015) What Employees Think of Their CEO's Pay Packet, *CIPD* [Online] https://www.cipd.co.uk/knowledge/strategy/reward/ceo-pay-report

Pink, D (2010) *Drive: The surprising truth about what motivates us*, Canongate, Edinburgh

Young, S and Li, W (2016) An Analysis of CEO Pay Arrangements and Value Creation for FTSE-350 Companies, *CFA Society United Kingdom* [Online] https://www.cfauk.org/media-centre/cfa-uk-executive-remuneration-report-2016

陷阱 31

Clifton, J (2017) The World's Broken Workplace [survey], *Gallup*, 13 June [Online] http://www.gallup.com/opinion/chairman/212045/world-broken-workplace.aspx?g_source=EMPLOYEE_ENGAGEMENT&g_medium=topic&g_campaign=tiles

Dahlgreen, W (2015) 37% of British Workers Think Their Jobs Are Meaningless [survey], *YouGov*, 12 Aug [Online] https://yougov.co.uk/news/2015/08/12/british-jobs-meaningless/

McGregor, D (1960) *The Human Side of Enterprise*, McGraw-Hill, New York, NY

Queen Mary University of London (nd) Professor Rob Briner [profile], *School of Business and Management* [Online] http://www.busman.qmul.ac.uk/staff/brinerr.html

陷阱 32

Kahneman, D (2011) *Thinking, fast and slow*, Allen Lane, London

Royal Holloway University of London (nd) Dr Louise Ashley [profile], *Royal Holloway University of London* [Online] https://pure.royalholloway.ac.uk/portal/en/persons/louise-ashley(0dd5ce07-ba2c-4eae-853e-e6cdd35b0719).html

陷阱 33

Hilton, A (2016) HBOS whistleblower Paul Moore exposes badly designed corporate culture, *Evening Standard*, 12 Jan [Online] http://www.standard.co.uk/business/anthony-hilton-hbos-whistleblower-paul-moore-exposes-badly-designed-corporate-culture-a3154506.html

Luyendijk, J (2015) *Swimming with Sharks: My journey into the alarming world of the bankers*, Guardian Faber Publishing, London

Moore, P (2015) *Crash, Bang, Wallop: The memoirs of the HBoS whistleblower*, New Wilberforce Media, London

Seddon, J (nd) The Vanguard Method and systems thinking, *Vanguard* [Online] https://vanguard-method.net/the-vanguard-method-and-systems-thinking/

Stern, S. (2007) Anti-guru of joined-up management, Interview with Russ Ackoff, *Daily Telegraph*, 8 Feb [Online] http://www.telegraph.co.uk/finance/2803955/Anti-guru-of-joined-up-management.html

陷阱 34

Human Rights Campaign (nd) Website [Online] http://www.hrc.org/

Sandhu, S (2014) OUTstanding survey: Isolated, Anxious and Less Confident – The Damage That Can Be Done By Hiding Who You Are, *Huffpost United Kingdom*, 15 Mar [Online] http://www.huffingtonpost.co.uk/suki-sandhu/lgbt-diversity-in-the-workplace_b_6461636.html

陷阱 35

Nayar, V (2010) *Employees First, Customers Second: Turning conventional management upside down*, Harvard Business School Prcss, Boston, MA

Williams, JC (2016) What so many people don't get about the US working class, *Harvard Business Review*, 10 Nov [Online] https://hbr.org/2016/11/what-so-many-people-dont-get-about-the-u-s-working-class

陷阱 36

Stern, S (2009) Expert eyes on today's leading questions, *Financial Times*, 8 Jan [Online] http://www.ft.com/cms/s/0/5164884e-dd25-11dd-a2a9-000077b07658.html?ft_site=falcon&desktop=true#axzz4mRiRNF7N

Sutton, B (2008) Sesame Street simple: A.G. Lafley's leadership philosophy, *Work Matters*, 25 Sept [Online] http://bobsutton.typepad.com/my_weblog/2008/09/sesame-street-simple-ag-lafleys-leadership-philosiphy.html

陷阱 37

Abrahamson, E (1991) Managerial fads and fashions: the diffusion and rejection of innovations, *Academy of Management Review*, **16** (3), pp 586–612 [Online] http://amr.aom.org/content/16/3/586.short

Taylor, FW (1911) *Principles of Scientific Management*, Harper and Brothers, New York, NY

陷阱 38

Orwell, G (1946) Essay: Politics and the English language, *Horizon* magazine, April

Shaw, GB (1906) *The Doctor's Dilemma* [play] – Preface [Online] https://ebooks.adelaide.edu.au/s/shaw/george_bernard/doctors-dilemma/preface.html

陷阱 39

Branson, Sir R (2013) Blog: Give People the Freedom of Where to Work [Online] https://www.virgin.com/richard-branson/give-people-the-freedom-of-where-to-work

Swisher, K (2013) 'Physically Together': Here's the Internal Yahoo No-Work-From-Home Memo for Remote Workers and Maybe More, *All Things D* [Online] http://allthingsd.com/20130222/

physically-together-heres-the-internal-yahoo-no-work-from-home-memo-which-extends-beyond-remote-workers/
Tarafdar, M (2016) Blog: Good Morning, Digital Co-Worker [Online] http://sbc-devwebsite.mj7.co.uk/business-advice/good-morning-digital-co-worker/

陷阱 40

Accenture (2017) Liquid workforce website [Online] https://www.accenture.com/gb-en/insight-liquid-workforce-planning

CIPD (2013) *Zero-Hours Contracts: Myth and reality*, CIPD, 26 Nov [Online] https://www.cipd.co.uk/knowledge/fundamentals/emp-law/terms-conditions/zero-hours-reality-report

Office for National Statistics (nd) Labour Force Survey (LFS), *ONS* [Online] https://www.ons.gov.uk/surveys/informationforhouseholdsandindividuals/householdandindividualsurveys/labourforcesurveylfs

陷阱 41

Cable, D (2012) Blog: Seven Questions to Ask Before Leading Change, *London Business School* [Online] https://www.london.edu/programmes/executive-education/content/7-questions-to-ask-before-leading-change#.WUmsUtQrJkg

Kotter, J (1996) *Leading Change*, Harvard Business School Press, Boston, MA

Kotter, J (2008) *A Sense of Urgency*, Harvard Business School Press, Boston, MA

Lewin, K (1947) Frontiers in group dynamics: concept, method and reality in social science; social equilibria and social change, *Human Relations*, **1** (1) [Online] http://lchc.ucsd.edu/MCA/Mail/xmcamail.2013_07.dir/pdfeF83xvxgaM.pdf

陷阱 42

Jewison, N (1965) *The Cincinnati Kid* [film], produced by Martin Ransohoff, starring Steve McQueen and Edward G Robinson

陷阱 43

Kellaway, L (nd) Apple has built an office for grown-ups, *Financial Times* [Online] https://www.ft.com/content/6e873378-5d68-11e7-b553-e2df1b0c3220

Society for Human Resource Management (2016) 2016 Employee Job Satisfaction and Engagement: Revitalizing a Changing Workforce, *SHRM* [Online] https://www.shrm.org/hr-today/trends-and-forecasting/research-and-surveys/pages/job-satisfaction-and-engagement-report-revitalizing-changing-workforce.aspx

Stern, S (2005) Loiter with intent, says Dr Goodnight, *Daily Telegraph*, 24 Feb [Online] http://www.telegraph.co.uk/finance/2906530/Loiter-with-intent-says-Dr-Goodnight.html